"꿈꾸고Dream 꿈을 두드려라Do!"

이 책《내 삶의 주인공은 나》를 읽고
꿈을 두드리는 사람은
누구나 원하는 것을 얻게 되리라.

성공을 부르는 마법의 힘을
_____님에게 드립니다.

_____ Dream

년   월   일

내 삶의 주인공은 나

내 삶의 주인공은 나

초판 1쇄 2020년 2월 25일
지은이 최은수, MBN Y 포럼 사무국
책임편집 여인영
마케팅 김형진 김범식 이진희

펴낸곳 매경출판㈜ **펴낸이** 서정희
등록 2003년 4월 24일(No. 2 – 3759)
주소 (04557) 서울시 중구 충무로 2 (필동1가) 매일경제 별관 2층 매경출판㈜
홈페이지 www.mkbook.co.kr
전화 02)2000 – 2634(기획편집) 02)2000 – 2645(마케팅) 02)2000 – 2606(구입 문의)
팩스 02)2000 – 2609 **이메일** publish@mk.co.kr
인쇄 · 제본 ㈜M – print 031)8071 – 0961
ISBN 979 – 11 – 6484 – 083 – 0(03320)

이 도서의 국립중앙도서관 출판예정도서목록(CIP)은 서지정보유통지원시스템 홈페이지(http://seoji.nl.go.kr)와
국가자료공동목록시스템(http://www.nl.go.kr/kolisnet)에서 이용하실 수 있습니다.
(CIP제어번호:2020004843)

두드림 *Do Dream*

내 삶의 주인공은 나

최은수, MBN Y 포럼 사무국 지음

용기 있는 도전으로 꿈을 이룬 사람들 이야기

매일경제신문사

DoDream

CONTENTS

PART ❶ | 인생을 바꾸는 세 가지 보석

PART ❺ | '나의 길'로 성공하는 두드림

PART ❻ | 두드림 실천법

PART

1

인생을 바꾸는
세 가지 보석

성공을 향한 주문, 두드림

아무도 알려주지 않은 성공 키워드 '두드림'

가슴을 뛰게 하는 단어 '성공'을 만들어낸 사람들에게는 어떤 DNA가 있을까? 성공할 사람은 타고난 것일까, 죽도록 노력하면 성공은 누구나 할 수 있는 것일까. 명품방송 MBN 기자들이 지난 6년 동안 크고 작은 성공을 거둔 수많은 사람들의 성공 사례를 분석해봤다.

수많은 글로벌 리더를 비롯해 스타 연예인, 스포츠 영웅, 주요 기업 CEO, 창업자, 정치 지도자, 석학들과의 인터뷰 내용과 서적을 통해 그들의 '성공 비밀'을 찾아낼 수 있었다. 그런데 그 성공의 법칙은 아주 사소한 것이었다. 누구나 생각하면 다 알 수 있는 것들이었다. 그럼에도 성공한 사람들은 그 비밀을 알려주지조차 않았다.

그 비밀은 무엇일까. 바로 '두드림DoDream'이라는 세 글자다. 누구나 꿈꾸고Dream 도전하면Do 꿈을 이뤄낼 수 있었다. 그런데 그 꿈을 이루려면 두드리고 또 두드려야 했다. 결코 포기란 없었다. 쉼 없는 '두드림'이 꿈에 다가가게 해줬다. 다른 사람의 길이 아니라 나를 위한 '나의 길'을 찾아줬다. 그 길은 꿈을 향한 길이였고 행복을 열어주는 길이었다. 내가 살고 싶은 세상을 살 수 있도록 해줬다. 그리고 그 길로 향하는 두드림은 성공이라는 달콤함을 안겨줬다.

하지만 꿈을 이루지 못한 대부분의 사람들은 삶에 쫓겨, 아니면 생활에 지쳐 꿈도 없이 살고 있었다. '나의 길'이 아닌 사회가 요구하는 '타인이 강요하는 길'을 걷고 있었다.

두드림, 지금 시작하라

'두드림'은 매우 중의적인 표현이다. 영어의 두드림은 우리말(한글) "두드려라"는 말과 일맥상통하기 때문이다. 둘 이상의 여러 가지

의미로 해석된다. 두드림의 첫 번째 의미는 실제 형체가 있는 사물을 "두드려라"는 것이다. 북 소리를 내려면 북을 두드려야 한다. 닫힌 문을 열려면 문을 두드려야 한다. 문자를 보내거나 콘텐츠를 검색하려면 키보드를 두드려야 한다. 이 두드림은 결과를 얻어내려면 무엇이든지 '행동'이 있어야 한다는 단순한 진리를 말하는 것이다.

또 다른 두드림의 의미도 있다. 다소 추상적인 의미로 끝까지 꿈을 이루기 위해 '두드리라'는 의미를 갖고 있다. 영어의 '두드림 Do Dream'과 같은 의미다. 영어의 두드림은 꿈꾸고Dream 도전을 실행에 옮기는 행동을 하라Do는데 방점이 맞춰져 있다. 다시 말해 두Do는 꿈Dream을 강조하는 의미면서 동시에 꿈만 꾸지 말고 꿈에 도전하라는 실행을 강조하고 있다. 즉, 두 번째의 두드림은 모두 목표나 꿈, 도전과제를 두드리는 것과 연결돼 있다.

대학 입학의 꿈을 이루려면 대학의 문을 두드려야 한다. 취업의 꿈을 이루려면 취업의 문을 두드려야 한다. 해외 시장에 진출의 꿈을 이루려면 글로벌 시장을 두드려야 한다. 사람도 꿈을 이루려면 자신의 꿈을 두드려야 한다.

이처럼 꿈을 이루는 첫걸음은 '두드림'에서 시작된다. 예수도 "문을 두드려라. 그러면 열릴 것이다"는 말로 용기를 주고 있다. 이 두드림에는 울림이 있다. 원하는 것, 구하는 것을 향해 간절하게 두드릴 때 원하는 것, 구하는 것을 얻게 된다. 세게 두드릴수록 더 큰 울림으로 다가오고, 더 많이, 더 자주 두드릴수록 문은 쉽게 열리게 된다. 더 크게 두드릴수록 자신을 울려, 가슴을 더 벅차오르게 하고 울림은 주위로 울려 퍼진다. 한두 번 두드리는 게 아니라 포기하지 않고 끝까지 두드릴 때 '열림'에 다가가게 된다.

그런데 성공한 사람들은 한결같이 '큰 꿈Big Dream'을 꾸고 작은 두드림부터 두드렸다. 원대한 꿈을 품고 그 꿈에 다가가기 위해 자기 자신을 수도 없이 두드렸다. 특히 현재의 1등에 도전장을 냄으로써 새로운 승자가 되는 뉴 챔피언을 꿈꿨다.

꿈을 쉽게 포기하지도 않았다. 한번 두드려 열리지 않으면 또 두드리고 또 두드렸다. 수백 번, 수천 번 두드려도 열리지 않는 경우도 많았다. 그렇지만 좌절하지 않고 다시 두드렸다. 오뚝이처럼 다시 일어났다.

성공 비밀, 두드림이 말하는 '두드린다'는 것은 이처럼 꿈에 다가가기 위한 '몸짓', 즉 실행을 말한다. 성공을 꿈꾼다면 지금 즉시 '두드림'이라는 화두를 가슴속에 품어라. 그리고 작은 것부터 두드리고 실행에 옮겨라.

인생을 바꾸는 세 가지 보석

인생을 바꿀 첫 번째 보석, 갈망의 두드림

성공의 출발은 어디에서 시작될까. 내 삶에서 간절히 원하는 것, 바로 꿈을 갖는 일에서 시작된다. 눈을 감고 내가 갈망했던 꿈이 무엇이고 잊고 있는 꿈이 무엇인지, 나는 어떤 꿈을 꾸고 있는지, 내 자신을 깨워야 한다. 내가 가야 할 '나의 길'은 무엇인지를 찾아내야 한다. 혹시 억지로 가고 싶지 않은 길을 가고 있는지 되돌아봐야 한다. 진짜 내가 '가고 싶고 가야 할 길'을 찾아내야 한다. 이것이 '갈망의 두드림'이다. 내가 갈망하는 게 무엇인지, 갈망을 찾아내는 갈망의 두드림을 지금 시작해야 한다.

갈망의 두드림 따라 하기

✓ 자신이 원하는 인생의 갈망을 찾아내라.

✓ 큰 꿈을 원한다면 작은 두드림부터 시작하라.

✓ 갈망이 가져다줄 달콤함을 상상하라.

✓ 최고가 되는 챔피언의 자리를 갈망하라.

✓ 최악의 상황에서 최고의 결과를 갈망하라.

✓ 내 삶의 갈망이 인생을 바꾼다고 믿어라.

✓ 갈망을 얻기 위해 끊임없이 갈망을 두드려라.

✓ 갈망이 가져다줄 성취감을 미리 느껴라.

✓ 잊고 있었던 꿈과 갈망을 다시 꺼내라.

✓ '갈망의 꿈'이 기적을 만든다고 믿어라.

✓ '꿈★은 이루어진다'고 확신하라.

✓ 내 '갈망의 두드림'이 다른 사람의 희망이 되게 하라.

✓ 갈망의 두드림으로 자기 혁명을 일으켜라.

✓ 갈망의 두드림이 인생 역전을 부른다고 믿어라.

✓ 좌절의 순간에 "나에게는 꿈이 있다"라고 외쳐라.

✓ '갈망'을 앞세워 꿈을 향해 질주하라.

갈망(꿈)을 갖게 되면 갈망을 내 것으로 만들기 위해 해야 할 일이 생겨난다. 만약 여행을 계획했다면 여행비용과 방문지, 동반자, 일정 등에 대해 생각을 시작하게 된다. 또 '내 차 구입'의 목표를 세웠다면 돈을 벌고 모으는 방법을 고민하게 된다. 원하는 대학, 인생의 꿈을 꾼다면, 그 꿈에 다가갈 방법들을 자연스럽게 생각하게 된다. 취업을 갈망한다면 어떤 업종, 어떤 회사를 목표로 해야 할지 궁리하게 된다. 이처럼 작은 약속에서 목표, 성취, 꿈에 이르기까지 무엇인가를 계획하는 데서 자신만의 꿈의 발견이 시작된다.

꿈을 꾼 다음에는 그 꿈을 이뤘을 때의 기쁨을 미리 머릿속으로 즐겨야 한다. 상상만으로도 꿈을 이뤘을 때를 생각하는 것은 즐거운 일이기 때문이다. 나아가 삶을 설레게 해준다. 이 때문에 꿈이 있는 사람의 설레는 삶과 꿈이 없는 사람의 무미건조한 삶 사이에는 큰 차이가 있다.

인생을 바꾸고 싶은가. 인생을 행복하게 하고 싶은가. 그렇다면 인생을 바꿀 첫 번째 보석 '갈망의 두드림'을 시작해야 한다. 성공한 모든 사람들은 한결같이 그들이 꼭 이루고 싶은 간절한 '꿈 Dream'이 있었다. 왜, 그 꿈을 이뤄야 하고 왜 내가 그 꿈의 주인공이 돼야 하는지, 분명한 신념이 있었다.

남들이 이해하기 힘들 정도의 간절함과 '갈망'이 있었다. 딱 무엇이라고 설명하기 힘들 정도로 매우 강한 집착과도 같은 갈망이 있었다. 그 꿈을 이루기 위해 끊임없이 노력했고 결코 포기하지 않았다. 갈망의 크기도 원대했다. 1등, 금메달리스트, 스타, 챔피언이 되는 최고의 자리를 갈망했다.

인생을 바꿀 두 번째 보석, 생각의 두드림

성공한 사람들은 생각이 남달랐다. '갈망의 두드림'을 성취로 연결하기 위해 인생을 바꿀 두 번째 보석 '생각의 두드림'을 시작했다. 자신만의 꿈, 즉 갈망에 다가가는 방법을 고민하고 또 고민했다. 생각에 빠져 구체적으로 꿈을 이룰 방법을 찾아내는 데 매달렸다. 꿈을 이뤘을 때의 기쁨을 생각해보기도 하고 실패했을 때 좌절한 자신의 모습도 상상해봤다.

그런데 이들이 남달랐던 것은 자신만의 '실행의 법칙'을 찾아냈다는 점이다. 성공한 사람들의 사연을 벤치마킹하고 성공에 이르는 길에 대한 생각을 멈추지 않았다. 성공 신화를 만들어낸 사람들은 꿈에 대한 갈구, 꿈에 대한 갈망을 현실로 만들기 위해 끊임없이 상상의 나래를 편 것이다. 머릿속으로 꿈을 성취하는 더 구체적인 생각들을 하며 성취의 기쁨을 날마다 머릿속으로 즐겼다.

베스트셀러 《시크릿》에서 제시한 성공 비밀 '끌어당김의 법칙 Law of Attraction'을 철저히 활용했다. 끌어당김의 법칙이란 우리 인생에 나타나는 모든 현상은 우리가 끌어당긴 결과라는 것이다. 좋은 결과를 끌어당기면 좋은 결과가, 나쁜 결과를 끌어당기면 나쁜 결과가 찾아오게 된다. 성공한 사람들은 반드시 성공한다는 생각으로 자신에게 마법을 불어넣었다.

따라서 성공을 꿈꾼다면 '끌어당김의 법칙'을 작동시켜야 한다. 더 밝은 미래, 성공하는 미래, 운명을 바꿀 미래를 상상하고 확신하며 긍정의 마법을 불어넣어야 한다. 성공한 많은 사람들은 '생각의 끌어당김', 즉 '생각의 두드림'을 통해 꿈을 이룰 구체적인 방법들을 수없이 끌어당겼다. 그때마다 이 끌어당김은 꿈과 성공에 다가가는 지혜를 섬광처럼 떠오르게 했다. 꿈을 이뤄냈을 때의 행복을 상상하며 생각의 두드림을 즐겨야 한다.

생각의 두드림 따라 하기

- ✓ 꿈을 이룰 방법을 찾는 생각의 두드림에 빠져라.
- ✓ 갈망을 성취하는 방법을 끝없이 찾아라.
- ✓ 하루, 이틀에 안 되면 1주일, 1개월, 1년을 고민하라.
- ✓ 고민하면 해법이 생긴다고 믿어라.
- ✓ 지혜가 생길 때까지 생각을 멈추지 마라.
- ✓ 생각 속에서 해법을 찾는 '끌어당김의 법칙'을 작동시켜라.
- ✓ 생각의 꼬리 물기를 즐겨라.
- ✓ 무한한 상상력의 세계에 빠져라.
- ✓ 날마다 생각의 두드림에 빠져라.
- ✓ '성공할 수 있다', '나는 할 수 있다'는 생각을 두드려라.
- ✓ 생각의 두드림으로 일을 즐기는 방법을 찾아라.
- ✓ 불가능, 불가사의에 도전하는 생각을 꺼내라.
- ✓ 불행, 좌절, 실패, 가난, 장애의 늪을 탈출하는 생각을 하라.
- ✓ 꿈을 이룬 뒤 느낄 기쁨을 상상으로 즐겨라.
- ✓ 생각의 두드림이 미래를 밝힌다고 믿어라.
- ✓ 생각의 두드림을 통해 성공의 비법을 찾아라.
- ✓ 생각의 두드림을 반드시 글로 적어라.

인생을 바꿀 세 번째 보석, 실행의 두드림

아무리 큰 꿈을 갖고 있더라도, 아무리 꿈을 이룰 생각이 원대하더라도, 구체적인 성취 방법을 알더라도 실행이 없으면 무용지물이다. 성공한 사람들은 남다른 '실행력'이 있었다. 끈기와 인내, 오기로 원하는 목표를 향해 달려가는 강한 집념이 있었다. 꿈을 이룰 수 있다는 강한 믿음으로 자기최면을 불어넣었다.

갈망의 두드림과 생각의 두드림을 통해 찾아낸 행동 강령을 완벽하게 실행에 옮겼다. 인생을 바꿀 세 번째 보석은 바로 '실행의 두드림'이다. 성공한 사람들은 강력한 실행력을 앞세워 꿈을 희망에서 현실로 바꿨고 초라했던 운명을 남들이 부러워하는 운명으로 바꿔놓았다.

우리 속담에 "구슬이 서 말이라도 꿰어야 보배"라는 말이 있다. 아무리 뛰어난 재주와 재능이 있더라도 노력하지 않으면 아무것도 이뤄질 수 없다는 말이다. 인생을 바꿀 세 번째 보석, 실행의 두드림은 꿈을 이루는 가장 강력한 수단이다.

성공한 사람들은 꿈꾸고 생각하는 데서 머물지 않았다. 생각한 내용을 앞세워 실행하는 데 주저하지 않았다. 원하는 꿈을 이루기

실행의 두드림 따라 하기

✔ 실행만이 꿈을 이뤄준다고 믿어라.

✔ 성공한 사람들의 피나는 도전 정신을 배워라.

✔ 원하는 게 있으면 당장 실행하라.

✔ 갈망, 생각, 실행 중 실행에 가장 집중하라.

✔ 실행의 두드림이 인생을 바꾼다고 믿어라.

✔ 꿈이 열릴 때까지 실행의 두드림을 멈추지 마라.

✔ '두드리면 열린다'는 성공의 진리를 믿어라.

✔ 과감한 결단으로 실행의 기쁨을 즐겨라.

✔ 실행이 없으면 어떤 결과도 없음을 알라.

✔ 실행의 두드림으로 성공의 문을 열라.

✔ 하루하루 실행의 두드림에 최선을 다하라.

✔ 차고 넘치는 실행으로 자신감을 만들어라.

✔ 포기 없는 실행의 두드림으로 꿈을 완성시켜라.

✔ 당장 시작해서 '희망의 씨앗'을 뿌려라.

위해 문을 두드리고 또 두드리고, 넘어져도 다시 일어나 두드리는 뚝심을 발휘했다. 힘들고 험한 길도 마다하지 않았다. 꿈을 이룰 수 없는 최악의 상황이 돼도 그 속에서 다시 일어서서 꿈을 두드렸다. 장애와 좌절을 오히려 딛고 일어섰고 용기와 끈기, 집념, 열정으로 뚜벅뚜벅 성공을 향해 걸어갔다.

꿈을 이루는 데 있어 가장 중요한 일은 꿈을 향한 실행의 두드림을 멈추지 않는 일이다. 갈망의 두드림, 생각의 두드림, 실행의 두드림, 이 세 가지 중 가장 핵심은 생각을 실행에 옮기는 실행의 두드림이다. 마음먹은 게 있으면 당장 시작하라. 실행이 있어야 실패와 후회가 있고 결과와 교훈이 생기게 된다. 실패를 두려워하지 말고 지금 당장 시작하라.

DoDream

성공을 이끄는 두드림 정신

두드림의 소중한 결과물, 성취

사람들은 언제 행복감을 느낄까? 원하는 것을 갖게 됐을 때 느낀다. 원하는 자동차를 갖게 됐을 때, 바라던 명품 가방을 사게 됐을 때, 원하는 대학에 가게 됐을 때, 취업관문을 뚫고 일자리를 얻게 됐을 때, 시험에 합격했을 때, 먹고 싶었던 음식을 먹었을 때, 결과가 좋아 칭찬을 받게 됐을 때, 집을 샀을 때, 승진했을 때…

한결같이 갈망한 것을 내 것으로 만들었을 때 사람들은 기쁨과 행복을 느끼게 된다. 그런데 갈망하는 것은 저절로 이뤄지지 않는다. 반드시 노력이란 것이 있어야 한다. 좋은 결과를 위해 기다릴

줄 알고 힘든 과정을 견뎌낼 줄도 알아야 한다.

올림픽 금메달리스트가 되기 위해 고독하면서 고된 훈련을 이겨 내야 하고 원하는 대학과 회사에 취업하기 위해 남다른 노력과 철저한 준비를 해야 한다. 누가 시키지 않더라도 고생 끝에 찾아올 달콤한 결과를 생각하며 온갖 유혹을 이겨내야 한다. 꿈을 생각하며 자신의 나태함을 일깨우고 부족한 부분을 두드리고 두드려 원하는 것을 이뤄내야 한다. 도전을 마다하지 않고 실행을 멈추지 않아야 한다. 그러한 두드림 뒤에야 소중한 결과물 '성취', 나아가 성공이 뒤따르게 된다.

두드림의 두 가지 정신

꿈을 이룬 수많은 사람들은 2가지 '두드림 정신'을 실천했다.

첫 번째 두드림 정신은 '캔두 정신Can-do Spirit(나는 할 수 있다)'이다. MBN 기자들의 취재 결과 성공한 사람들은 자신이 설정한 목표 자체가 원대했다. 거의 불가능에 가까울 정도로 큰 꿈을 가지고 있었다. 단순히 대한민국의 1등이 아니라, 전 세계 1등을 꿈꿨다.

"세계 1등 골퍼가 될 거야."

"올림픽 금메달을 딸 거야."

"노벨상을 받을 거야."

"대통령이 될 거야."

"세계 최고 부자가 될 거야."

"삼성과 같은 회사를 창업할 거야."

"대한민국의 빌 게이츠가 될 거야."

성공한 사람들은 이 같은 원대한 꿈, 즉 갈망을 통해 생각의 두드림을 즐겼다. 어떻게 꿈을 이룰 것인지, 생각에 빠져 꿈에 다가가는 방법들을 고민했다. 그리고 꿈을 이루는 구체적인 방법을 찾아냈다.

어떤 사람은 책 속에서 길을 찾았고, 어떤 사람은 선생에게, 친구에게, 아니면 다른 성공한 사람에게 길을 물었다. 어떤 사람은 영화 속에서, 어떤 사람은 텔레비전을 보면서, 주인공의 성공 신화를 보며 벤치마킹을 생각해냈다. 어떤 사람은 신문을 보면서, 심지어 유튜브를 보면서 성공한 사람들의 인물 이야기를 들으며 자신의 길을 찾았다. 어떤 사람은 선생님과 교수님의 강의를 듣고, 어떤 사람은 유명한 사람의 강연을 듣고 인생의 길을 발견했다.

그런데 중요한 것은 목표를 세운 다음, 그 목표를 꼭 이뤄낼 것이라는 자신감, 즉 캔두 정신이 그 누구보다 강했다. 할 수 있다는 자신감으로 무장한 그들은 목표를 향해 돌진했다. 그것이 도전 정신Challenge Spirit이다.

두 번째 두드림 정신은 바로 이 '도전 정신'이다.

성공한 사람들은 불굴의 도전 정신을 갖고 있었다. 두드림의 뜻대로 꿈을 두드리고 또 두드렸다. 열 번 두드려서 안 이뤄지면 스무 번, 아니 수백 번을 두드릴 용기를 갖고 있었다. 꿈을 이루도록 힘을 주는 두 번째 두드림 정신이 바로 도전 정신이기 때문이다.

필라멘트 전구를 발명한 토머스 에디슨은 말 그대로 도전 정신의 상징이다. 그는 작은 전구 하나로 세상을 밝게 밝힐 수 있다는 강한 확신을 가졌다. 토머스 에디슨은 축전기(전축)를 만들기 위해 무려 2만 5,000번, 전구를 개발하기 위해 2,399번이나 실패했지만, 도전을 멈추지 않았다. 만일 그가 마지막 한 번을 더 도전하지 않았다면 축전기도 전구도 발명하지 못했을 것이다.

에디슨은 말했다.

"나는 한 번도 실패한 적이 없다.
단지 2,000번의 단계를 거쳐 전구를 발명했을 뿐이다.
천재는 1% 영감과 99% 노력으로 이루어지는 것이다."

이처럼 성공한 사람들은 나는 할 수 있다는 첫 번째 두드림 정신인 캔두 정신과 두 번째 두드림 정신인 도전 정신으로 스스로를 무장했다. 그리고 이 두드림 정신으로 세상과 맞부딪쳤다. '승리할 수 있다', '성취할 수 있다'는 캔두 정신으로 스스로에게 최면을 걸었다.

지금 우리에게는 현재의 '초라한 나'를 미래의 '성공한 나'로 바꿔줄 도전 정신이 절실하다. 무엇이든지 할 수 있다는 자신감을 뜻하는 캔두 정신이 요구된다. 특히 제4차 산업혁명 파고가 거세게 불면서 세상이 급변하고 있다. 이처럼 급변하는 세상은 우리의 자신감을 떨어뜨릴 수 있다. 하지만 성공한 사람들은 환경의 변화를 오히려 기회로 활용하는 놀라운 저력을 발휘했다. 특히 시장과 환경 변화를 적극적으로 활용해 새로운 기회를 만들어냈다.

청년들의 멘토링 축제 MBN Y 포럼은 성공의 꿈을 이뤄내는 다섯 번째 자기계발서 《내 삶의 주인공은 나》를 통해 누구나 꿈을 이룰 수 있는 방법들을 제언한다. MBN 기자들은 그동안 다섯 권의 자기계발서, '두드림' 시리즈를 펴냈다.

첫 번째 자기계발서 《두드림》을 통해 '성공한 사람들의 성공비밀, 두드림'을 공개했다. 두 번째 자기계발서 《불가능을 즐겨라Enjoy The Impossible》를 통해 쉬운 길보다는 거칠고 힘든 길, 남이 가는 길보다는 나만의 길을 걸어 성공의 꿈을 이룬 영웅들의 성공 스토리를 소개했다. 세 번째 《챔피언의 비밀노트》에서는 세상을 바꾼 역사 속 챔피언들의 생동감 넘치는 성공 법칙을 제시했다. 네 번째 《청년이여, 지금 시작하라》는 근심 걱정을 버리고 주저하기 보다는 작은 것에서부터 시작해 변화의 주인공이 되라는 메시지를 전하고 있다.

이번 다섯 번째 자기계발서 《두드림, 내 삶의 주인공은 나》는 '타인이 원하는 길'이 아니라 '내가 가고 싶은 나의 길'을 스스로 개척해 성공 신화를 만든 사람들의 생생한 도전 이야기를 전한다.

두드림 따라 하기

- ✓ 내 꿈을 찾아내라.
- ✓ 내 꿈을 갈망하고 두드려라.
- ✓ '갈망의 두드림'에 빠져라.
- ✓ 내 꿈을 이룰 '생각의 두드림'을 시작하라.
- ✓ 내 꿈에 다가갈 '실행의 두드림'을 시작하라.
- ✓ 꿈이 가져다줄 기쁨과 결과를 상상하라.
- ✓ 갈망 · 생각 · 실행이란 두드림의 끈을 놓지 마라.
- ✓ 날마다 '두드림Do Dream', 도전하고 멈추지 말라.
- ✓ 날마다 '드림 두Dream Do', 꿈꾸고 실천하라.
- ✓ 꿈꾸고 도전하라, 끝없이 두드려라.
- ✓ 날마다 두드려 두드림의 신기한 기적을 경험하라.
- ✓ '할 수 있다'는 캔두 정신으로 최면을 걸라.
- ✓ 도전 정신으로 무장하라.
- ✓ 챔피언의 성공 비밀을 따라하라.
- ✓ 두드림 정신으로 불가능을 즐겨라.
- ✓ 두드림의 기적을 가족, 친구, 동료에게 전파하라.
- ✓ 나의 길을 찾아내 두드려라.

PART

2

두드림, 내 삶의
주인공은 나

내 삶의 주인공은 나

성공을 약속해주는 '나의 길'

지금 나는 내 인생에서 '어떤 길'을 가고 있을까? 그냥 생각 없이 가게 된 길일까. 아니면 내가 선택한, 내가 가고 싶은 길일까.

'내 삶의 주인공은 나Life Is Yours'임에도 많은 사람들은 '나의 길'이 아니라 '세상이 정해준 길'을 가고 있다. 이 길에는 세상을 놀라게 할 큰 성취가 없다. 최고의 역량을 발휘할 동기부여가 안 되기 때문이다. 반면에 자신이 설계해서 만들어낸 내 길을 걷는 사람들은 누구나 크고 작은 성공 신화를 만들어냈다. 갈망의 두드림을 가슴에 안고 '나의 길'을 스스로 개척해냈다.

우리의 삶은 어느 누구도 다른 사람이 대신 살아줄 수가 없다. 내가 내 삶의 주인이고 나 스스로가 한평생, 즉 일생이라고 하는 큰 드라마의 주인공이다. 나를 내 삶의 주인공으로 만들려면 내가 주인공이 되는 '나의 길'을 걸어야 한다. 스스로 자신의 삶을 설계하고 스스로를 삶의 주인공으로 만들어내야 한다. 남의 눈치를 보지 말고 자신의 삶을 살아야 한다.

진정한 나를 찾아라

"내 속에서 솟아 나오려는 것,
바로 그것을 나는 살아보려고 했다.
왜 그것이 그토록 어려웠을까?"

우리는 죽는 그 순간까지 내가 누구인지, 내가 무엇을 원하는지, 진짜 '나'를 찾을 수 있을까? 《데미안》의 저자 헤르만 헤세는 '나'를 찾아내는 게 정말 중요하다고 말한다. 그는 먼 훗날 죽음을 앞둔 나이가 됐을 때 대다수의 사람들이 삶을 되돌아보며 "왜 그것이 그토록 어려웠을까?" 반성한다고 한다.

이처럼 자기 자신을 찾아 내 삶의 주인공이 되는 것은 쉽지 않다. 《데미안》의 주인공 소년 싱클레어는 10대 때 '어두운 세계'와 '밝은 세계' 두 세계를 넘나들며 혼란스런 생활을 했다. 하지만 친구 데미안을 만나면서 자기 내면에 귀 기울이며 '나'를 찾아냈다. 그리고 자기 그대로의 모습을 받아들이고, 자신이 원하는 것을 고민하며 목표를 향해 나아갔다.

소년 싱클레어는 상식이나 사회적인 관습, 체제와 대세를 무조건 추종하고 따르기보다 자기 내면의 소리에 귀 기울이고 부모나 사회적 상황이 강요하는 삶이 아닌 진정으로 자기가 원하는 삶의 목표를 찾아낸 것이다.

> "새는 알에서 나오려고 투쟁한다.
> 알은 세계이다.
> 태어나려는 자는
> 하나의 세계를 깨뜨려야 한다.
> 새는 신에게로 날아간다.
> 신의 이름은 압락사스."

데미안이 10대 때 친구 싱클레어에게 한 말이다. 헤세는 이 말을 통해 나를 찾기 위해서는 자신을 둘러싼 질서, 즉 기존 세계를 깨뜨려야 한다는 메시지를 전한다. 진정한 자아를 발견하기 위해서는 새가 알에서 나오려는 투쟁과 고통과 같은 과정이 있어야만 새로운 세계가 펼쳐지고 진정한 자아가 발견된다는 것이다.

우리는 태어나면서부터 사회라는 틀에 갇혀 도덕, 가치관 등 사회가 요구하는 질서를 따를 것을 강요받는다. 하지만 이 질서는 내가 만든 '나의 질서'가 아니라 다른 사람들이 만들어 놓은 '타인의 질서'다. 진정한 자신을 발견하려면 타인이 만들어놓은 질서(세상)를 깨고 나를 위한 세상을 만들어야 한다.

우리는 진정한 나를 찾고 있을까? 내가 가고 싶은 '내 길'을 걷고 있을까? 혹시 자기 자신의 길보다는 사회가 원하고 부모님이 원하는 길을 가고 있지는 않을까? 헤르만 헤세는 "사람의 진정한 직업은 자신이 가고 싶은 길을 찾는 것이다The true profession of a man is to find his way to himself"고 말한다.

우리는 '진정한 직업'을 찾는데 소홀히 하고 있지는 않을까? 다른 사람이 원하는 길과 자기 자신이 원하는 길을 혼동하고 있지는 않을까?

내 삶의 주인공은 나야, 나!

내 삶의 주인공은 바로 '나'다. 인류 역사를 바꾼 수많은 영웅들은 스스로 인생을 설계하고 주역이 되어 스스로를 '내 삶의 주인공'으로 만들었다. 자신이 원하는 '길'을 선택해 주체적인 삶으로 자신의 운명을 바꾸고 인류의 역사를 바꿨다.

그들은 '불가능은 없다'는 마음가짐으로 남들이 가지 않은 길을 갔고, 자신의 길, 자신의 스토리를 만들었다. 이 같은 긍정적인 생각으로 '꿈꾸고 도전하는' 두드림Do Dream을 실천했다.

"불가능은 없다(Impossible is I'm Possible!)"

'불가능Impossible'이라는 단어는 내가 주체가 되면 '가능하다I'm Possible'는 말로 바뀌게 된다. 내가 삶의 주인이 되어 행동하면 불가능이란 없다는 뜻이다. 이처럼 작은 생각의 차이가 불가능을 가능으로 바꿔놓게 된다. 혹시 나는 도전도 해보지 않고 "저 일은 내가 할 수 없어"라고 불가능이란 틀에 가둔 적은 없나? 조금 힘들다고 혹시 도전을 멈춘 적은 없나? 나 자신을 돌아볼 필요가 있다.

이제 '불가능은 없다'는 생각으로 도전해보는 건 어떨까? 역사를 바꾸고 세상을 혁신한 '내 삶의 주인공'들은 거듭된 실패에도 불가능은 없다는 긍정적인 생각으로 성공을 이뤄냈다. 이제 우리가 역사책에 기록될 차례다.

> "나는 2만 5,000번의 실패를 한 것이 아니라,
> 2만 5,000가지 방법을 알아냈다."
> – 발명가 토머스 에디슨

발명가 에디슨 역시 '나만의 길'을 걸었다. 그는 초등학교 시절 알을 품어 병아리를 부화시키려 하는 등 이런저런 기행을 많이 했다. 꽉 막힌 선생님은 에디슨을 이해하지 못했고, 에디슨의 어머니는 아들을 위해 학교를 자퇴시켰다. 그의 어머니는 에디슨이 '원하는 길', 당시 많은 사람들이 가던 길이 아닌 '발명가의 길'을 가도록 도와준 것이다. 그 결과 에디슨은 무려 2,332개의 세계적인 발명품을 내놓으며 '발명왕 에디슨'으로 자신의 운명을 바꿀 수 있었다. 142년 전통을 자랑하는 GE는 1878년 토마스 에디슨이 설립한 전기조명회사를 모체로 세계적인 제조업 기업으로 성장했다.

축음기(전축)를 발명할 때 일이다. 한두 번도 아닌 2만 5,000번이나 실패가 거듭됐다. 남들이 불가능한 일이라고 했다. 하지만, 에디슨은 스스로 정한 길에 집중해 결국 발명에 성공했다. 발명 뒤 그가 한 말은 유명한 일화가 됐다.

"나는 2만 5,000번의 실패를 한 것이 아니라
건전지가 작동하지 않는 2만 5,000가지 방법을 알아냈다."

나만의 길을 걷던 에디슨은 스스로 자신의 운명을 개척했다. 12살 때 열차에서 신문팔이를 하며 열차 화물칸에 자신만의 실험실을 만들었다. 이곳에서 다양한 실험을 하며 발명가의 미래를 설계했다. 그 결과 2,300개가 넘는 발명을 할 수 있었다.

수많은 발명 가운데 전구의 발명은 인류의 운명을 바꿨다. 낮에만 일하던 세상을 밤에도 일할 수 있도록 함으로써 당시 산업생산성을 획기적으로 높여줬다. 전신, 전화, 영사기도 에디슨의 발명품이다. 에디슨은 "천재란 99%가 땀이며 나머지 1%가 영감이다"라고 말한다. 땀을 흘리면 나의 운명을 개척할 수 있다는 소중한 메시지를 주고 있는 것이다.

나를 위한 길을 개척하자

"죽고자 하면 살 것이오,
살고자 하면 죽을 것이다."
– 충무공 이순신

임진왜란 때 조선을 구한 명장수 이순신. 그의 꿈은 장군이 되는 것이었다. 22세 때부터 말 타기, 활쏘기를 연마하며 '장수의 길'을 개척했다. 29세 때 기회가 와서 훈련원 별과에 응시했지만 마지막 관문인 말 타기에서 낙마해 탈락했다.

하지만 그는 꿈을 포기하지 않았다. 절치부심 끝에 3년 뒤인 32세 늦은 나이에 이순신은 식년시 무과에 급제해 군인생활을 시작했다. 군인이 된 이순신은 다른 군인과는 전혀 다른 자신이 설계한 길을 걸었다.

이순신은 다른 사람의 힘으로 편한 자리에 오르는 일을 거부했다. 오직 자신의 땀과 노력만으로 살아가려 했다. 이 때문에 승진도 늦었고 주위 사람들의 모함과 눈총도 많이 받았다. 종8품의 낮은 계급의 군인 시절 이순신은 병조정랑인 서익으로부터 부당인사, 요샛말로 직원채용 청탁을 받았다. 하지만 이순신은 일언지하에 거절했다. 이는 이순신 장군에 관한 아주 유명한 일화 중 하나로 알려져 있다.

이순신은 47세 때 전라좌도수군절도사라는 해군 최고 지역 방위 사령관 자리에 오르게 된다. 이때도 남다른 '군인의 길'을 걸었다. 언제 전투가 벌어져도 당당히 싸울 수 있도록 허술했던 수군을 다시 일으키고 거북선을 만들었다. 아무도 거북선을 만들라고 시키지 않았지만 이순신은 당시 왜적들이 들끓는 것을 보며 스스로 '나라를 지키는 길'을 걷는 실천을 했던 것이다.

당시 평화로웠던 조선에서는 이순신이 왜적을 지나치게 경계한다며 비꼬기까지 했다. 하지만 1592년 일본은 군함을 앞세워 임진왜란을 일으켰다. 거북선을 앞세운 이순신의 해군은 왜군을 격파하고 항상 최소한의 희생으로 승전을 이끌었다. 스스로 최고 군인의 길을 걸었던 이순신이 유비무환의 전투태세를 갖추지 않았더라면 불가능했던 일이다. 스스로 미래를 내다보고 국가의 운명을 살려낸 이순신을 우리는 '성웅'이라고 부르고 있다. 아무도 시키지 않았지만, 이순신은 군인으로서 '나의 길'을 걸었던 것이다.

남이 가지 않은 길을 가자

"노란 숲 속에 길이 두 갈래로 났었습니다.

나는 두 길을 다 가지 못하는 것을 안타깝게 생각하면서,

오랫동안 서서 한 길이 굽어 꺾여 내려간 데까지,

바라다볼 수 있는 데까지 멀리 바라다보았습니다.

(…중략…)

훗날에 나는 어디선가

한숨을 쉬며 이야기할 것입니다.

숲 속에 두 갈래 길이 있었다고,

나는 사람이 적게 간 길을 택했노라고,

그래서 그것 때문에 모든 것이 달라졌다고."

– 로버트 프로스트

로버트 프로스트Robert Prost의 시 〈가지 않은 길The Road Not Taken〉이다. 지금 나는 어떤 길을 가고 있을까? 어떤 길을 가야 할까? 어떤 길에 들어섰고 어떤 길을 걷고 싶을까? 그 길은 내가 원하는 길일까, 주변 사람들이 원하는 길일까?

내면의 소리에 귀를 기울여야 한다. 우리는 살면서 항상 선택의 문제에 부딪친다. 쉬운 길을 갈까, 아니면 새로운 길에 도전을 할까. 쉬운 길은 가는 것은 편하지만 자기의 길이 아니다. 반면 새로운 도전의 길은 멀고 험할 수 있지만, 내가 만들어가는 길이다. 먼 훗날 후회가 없는 길을 선택해야 한다.

자신만의 길을 찾은 사람들

김소희, 내 길을 찾아 일주일 만에 사표 쓰다

'스타일난다'로 창업 성공 신화를 만든 창업자 김소희. 그녀는 입사 일주일 만에 대표로부터 "넌 회사 일이 맞지 않다"는 말을 들었다. 이 말 한마디에 김소희는 바로 사표를 던졌다. '내 길'을 개척하기로 한 것이다. 그리고 23세에 최대 여성 의류 및 화장품 쇼핑몰 스타일난다를 창업했다.

처음 인터넷으로 옷을 판다고 했을 때 "누가 옷을 입어보지도 않고 사냐"며 다들 비웃었다. "사업이 성공하지 못할 것이다"고 비관하는 사람들이 너무나 많았다. 자신감마저 떨어질 정도였다. 심지어 사람 만나기마저 꺼려져 대인기피증이 생겼다.

하지만 그녀는 묵묵히 자신의 길을 개척했다. 갈망의 두드림으로 성공의 꿈을 두드렸다. 결국 10년 만에 스타일난다는 매출 1,000억 원을 돌파했고 백화점은 물론 면세점까지 입점했다.

다음 단계로 화장품 사업에도 도전했다. 이번에도 무모한 일이라며 주변 반대가 많았다. 유명 화장품회사 제품이 아니면 팔리지 않는다는 것이었다. 하지만 김소희는 나의 길을 묵묵히 두드려 대성공을 이뤄냈다.

세계적인 화장품 회사 로레알은 의류 브랜드 스타일난다와 메이크업 브랜드 3CE를 운영하는 주식회사 난다를 6,000억 원에 인수했다. 그녀가 자신의 길을 걷지 않았다면 불가능했을 결과다. 그녀는 말한다.

"포기하지 마라.
자기가 가는 길이 곧 길이 된다."

김칠두, 60세에 내 길을 찾다

65세 시니어모델 김칠두. 그가 자신의 길을 찾는 데 1만 4,600 일이라는 긴 시간이 걸렸다. 햇수로 40년이 걸렸다.

패션에 관심이 많았던 스물한 살 청년 김칠두는 모델의 꿈을 안고 모델경연대회에 도전했다. 그리고 당당하게 입상을 하며 꿈을 펼칠 수 있게 됐다. 하지만, 어려운 형편 때문에 그 꿈을 잠시 내려놓아야 했다. 생계를 유지하기 위해 닥치는 대로 일을 했다.

순댓국집 가게를 운영하며 자신이 원하지 않던 길을 걷고 있을 때였다. 연극을 하던 딸이 김칠두의 꿈을 일깨워줬다. 모델의 길에 불을 지핀 것이다. 김칠두는 결국 40년이 지나 환갑의 나이에 '나의 길'을 찾았다. 모델학원에 등록해 모델 수업을 받으며 모델이 되는 길을 두드렸다.

그의 가능성을 알아본 에이전시 대표가 한 패션 브랜드에 포트폴리오를 보냈고, 김칠두는 2018년 3월 헤라서울패션위크 모델로 무대에 서면서 모델로 운명을 바꿨다.

"늘 꿈꿔온 일이라

카메라 앞에 서는 일은
전혀 떨리지 않아요."

시니어모델 김칠두의 꿈은 이제 세계 4대 패션위크 무대에 서는
것이다.

박찬호, 메이저리그의 길을 처음 걷다

불가능을 가능으로 바꾼 사람들, 남이 가지 않은 길을 간 사람
들. 이들은 모두 나의 길을 갔다는 공통점이 있다. 나의 길을 설계
하고 개척해 그들만의 성공스토리를 만들며 세상을 감동시켰다.
1994년 대학생 박찬호는 '미국 프로야구 진출'이라는 색다른
길에 도전했다.

"100억 벌어오겠습니다."

미국행 비행기에 올라타던 박찬호가 기자들을 향해 한 말이다.
그러자 많은 사람들은 깔깔 웃으며 터무니없는 말을 한다는 표정

을 지었다. 당황한 박찬호 선수는 "농담한 것"이라며 웃어넘겼다.

그러나 박찬호는 '부자 선수의 길'을 실제로 개척했다. 2012년 야구를 그만둘 때까지 미국과 일본에서 연봉으로만 1,000억 원을 벌었다. 미국에 간 박찬호가 영어를 배우는 방법 역시 그만의 길을 선택했다. 자기소개밖에 할 줄 몰랐지만, 영어 실력을 향상시키기 위해 구단에서 붙여준 통역을 과감히 사양했다. 프로야구의 정글에서 살아남기 위해 남과 다른 투수의 길을 개척했다.

메이저리그에서 생존하기 위해 프로 초창기 때 던졌던 슬라이더 대신 빠른 공과 궁합이 맞는 커브를 장착해 타자들을 공략했다. 박찬호 선수는 메이저리그 아시아인 최다승(124승)을 기록했다. 한국 야구단 러브콜을 수차례 받았지만 더 큰 꿈을 위해 미국에서 자기의 길을 걸었다.

박지성, 불가능했던 길을 개척하다

대한민국 축구의 영원한 캡틴이자 레전드인 박지성 선수는 체격이 너무 작았다. 박지성은 일찌감치 초등학교 때부터 '축구인의 길'을 개척했다. 발재간과 기술이 뛰어나다는 평가를 받았다. 하지만 문제는 체격이었다. 그래서 주변에서는 축구로 성공하기 힘들 것이라며 축구인의 길을 만류하기까지 했다. 수원공고 감독은 박지성 선수의 체격과 체력을 보완하는 것이 급선무라고 판단해 1년 동안 축구부 훈련에서 제외시켰을 정도였다.

하지만, 박지성은 '국가대표 축구선수의 길'을 포기하지 않았다. 자신이 가야 할 길은 한국을 대표하는 축구선수가 되는 길이라고 믿었다. 아버지는 박지성의 몸집을 키우기 위해 몸에 좋은 고기와 음식이라면 무조건 다 먹이기까지 했다. 그럼에도 신체적 조건은 쉽게 개선되지 않았다. 축구인이 되기 위한 길도 암담해져갔다. 고등학교 졸업 후 박지성 선수를 불러주는 대학팀, 구단은 아무 곳도 없었다. 여전히 키와 체격이 작다는 이유였다. 그래도 축구를 향해 선택한 '나의 길'을 포기하지 않았다.

어렵게 대학에 들어갈 수 있었다. 하지만 박지성은 축구부가 아닌 테니스부였다. 명지대 김희태 감독이 박지성의 집념을 보고 테니스부 선수의 몫으로 선발한 것이다. 이미 축구부 신입생을 모두 뽑은 상태여서 축구선수의 몫은 없는 상태였다. 포기하지 않고 '축구인의 길'을 두드리자 기적 같은 일이 생긴 것이다. 이 일은 유명한 일화가 됐다.

대학 입학을 앞두고 당시 허정무 감독이 이끄는 올림픽 대표팀과 연습경기를 하게 됐다. 이 경기에서 박지성은 무려 다섯 명의 대표 팀 선수를 제치는 놀라운 드리블 실력으로 허정무 감독의 눈길을 사로잡았다. 그리고 이 운명적인 사건은 19세 박지성이 2000년 시드니 올림픽 국가대표 선수로 발탁되는 계기를 만들었다. 이어 2002년 한일 월드컵 국가대표 선수로 뽑혀 거스 히딩크 감독을 만나는 행운을 안겨줬다. 박지성은 월드컵에서 대한민국 최초 4강 신화를 쓰는 주역이 됐고 꿈에도 그리던 영국 맨체스터 유나이티드에 스카우트되는 선수가 됐다.

박지성은 그가 선택한 '나의 길'을 갔기 때문에 성공할 수 있었다. 그랬기 때문에 힘들고 험한 나날들이 많았지만, 스스로 버티고 이겨낼 수 있었다. 아무도 시키지 않고 자신이 자발적으로 희망해서 길을 갔기 때문에 엄청난 길들을 개척할 수 있었다. 이 결과 박지성은 부족했던 실력을 더 키울 수 있었고 남들이 불가능하다고 했던 일들을 가능한 일들로 바꿔낼 수 있었다. 체력 때문에 후반 20분이 지나면 볼 지배력과 골 결정력에 문제가 생긴다는 단점도 완벽히 보완해낼 수 있었다. 무쇠 같은 체력, 악바리 근성, 스피드, 발재간 등으로 열세를 보완해냈다.

"공이 발등 구석구석마다
3,000번씩 닿아야 감각이 생기고,
다시 3,000번이 더 닿아야 컨트롤할 수 있게 된다.
이것이 축구의 기본이다."

박지성 선수는 작은 체격이라는 단점을 극복해 발재간과 끈질긴 체력을 키워 '성공하는 축구인의 길'을 개척해냈다. 그 결과 일본, 네덜란드를 거쳐 축구의 명가 잉글랜드 맨체스터 유나이티드에 입단했고 대한민국 축구 역사를 새로 써왔다. 그래서 우리는 그를 축구의 전설이라고 부른다.

김은선, 한국인 최초 지휘자의 길을 개척하다

지휘자 김은선은 97년 역사를 가진 미국 샌프란시스코 오페라 역사상 최초로 여성 음악감독이 됐다. 공식 5년 임기는 2021년 시작된다. 한국인이 세계 주요 오페라단의 음악감독을 맡은 것은 지휘자 정명훈 씨에 이어 두 번째지만, 여성으로는 처음 있는 일이다. 미국 〈뉴욕타임즈〉는 "미국의 메이저 오페라단에서 음악 감독

직을 맡는 첫 여성이 됐다"며 "새로운 역사를 만들고 있다"고 평가했다.

김은선의 놀라운 성과는 나의 길을 개척한 데 있다. 세계적인 지휘자의 꿈을 꾸고 그 꿈을 끊임없이 두드렸다. 김은선은 어린 시절부터 지휘자를 꿈꾸며 '음악인의 길'을 개척했다. 국내 음악대학을 졸업하고 독일로 유학을 떠났다. 졸업 후에는 최고의 무대만을 두드렸다.

그녀의 거침없는 두드림은 그녀를 여성 최초 마드리드의 왕립 극장 지휘대에 올려놓았고 베를린·프랑크푸르트·드레스덴 오페라 극장에 수차례 초청되는 영광을 안겨줬다. 2018년에는 미국 신시내티의 5월 축제에 초대되어 145년 역사상 첫 여성 지휘자로 무대에 오르는 영예를 안게 됐다.

하지만 '세계적인 지휘자의 길'을 향해가는 데 있어 김은선에게는 약점이 많았다. 24년간 한국에서 생활한 한국인으로서 외국어로 표현된 음악 언어를 완벽하게 표현하는 데 스스로 한계를 느꼈던 것이다. 김은선은 나의 길을 개척하는 데 이 한계를 뛰어넘기로 했다.

"외국 오케스트라가 한국 와서
아리랑을 앙코르로 연주하면 2% 부족한 것처럼,
작곡가 뉘앙스가 나라마다 다르기 때문에
이걸 정확하게 표현하기는 정말 힘든 일입니다.
그래서 푸치니, 차이콥스키, 베토벤을 연주하면
공연에 앞서 그 나라 언어인
이탈리아어, 러시아어, 독일어로 생각하고 말합니다.
휴대전화 설정 언어까지 외국어로 바꾸고
뉴스도 그 나라 말로만 보죠."

'성공하는 길'을 걷기란 쉬운 일이 아니다. 약점을 보완하기 위
해 끊임없이 노력해야 한다. 갈망의 두드림만으론 부족하기 때문에
생각의 두드림, 실행의 두드림으로 갈망을 완성해갈 수 있는 방법
을 계속해서 찾아내야 한다.

"매니저를 처음 만났을 때
나더러 여자고 동양인이고 너무 어리고
키도 작다고 했죠.

여자, 동양인, 어린 나이, 작은 키
그야말로 핸디캡이 4개나 됐어요."

김은선의 매니저는 "약점이 넷이나 있으니 남들보다 4배 이상 노력하고 잘해야 같은 출발선에 겨우 설 수 있을 것"이라며 격려했다고 한다. 결국 네 개의 약점을 가진 김은선은 남들보다 네 배 이상 노력해, 세계무대에서 모든 것을 최초로 바꿔놓았다. '실행의 두드림'으로 모든 단점을 장점으로 바꿔놓았던 것이다.

왕타오, 드론 개발자의 길을 설계하다

"어린 시절 꿈, 그것을 두드려라.
그 두드림을 찾아 '나의 길'을 설계하라."

세계 1등 드론 회사 DJI는 어떻게 탄생하게 됐을까? 여기에는 왕타오王濤라는 1980년생 창업자의 두드림 정신이 숨어있다. 왕타오는 초등학생 시절 부모님이 사준 헬리콥터에 푹 빠졌다. 한번 추락하면 쉽게 망가지는 것이 몹시 속상했다. 값도 비싼데다 조립하

기조차 매우 어려웠기 때문이다. 어린 소년 왕타오는 자동제어가
가능한 헬기 개발을 꿈꾸게 됐다.

"헬리콥터는 어떤 원리로 날아갈까.
내 마음대로 조종할 수 있는 헬리콥터는 못 만들까?"

생각의 두드림에 빠진 왕타오는 어른이 되면 비행기를 만드는
사람이 되겠다는 꿈을 두드렸다. 그리고 비행기 전문가가 되는 길
을 두드렸다. 홍콩과기대학 전기공학과에 입학했다. 스스로의 길
개척에 나선 것이다. 이곳에서 왕타오는 친구 두 명과 꿈에 그리던
원격조종 헬기 비행제어시스템 개발을 졸업과제로 설정해 실행의
두드림에 나선다.

하지만 시연 단계에서 헬기가 추락하면서 C학점을 받고 유럽
명문대에 유학하려던 꿈도 박살나고 말았다. 그래도 왕타오는 '나
의 길', 그의 두드림을 포기하지 않았다. 26세의 나이에 졸업과제
를 함께 수행한 친구 2명과 삼촌의 회사 창고를 빌려 창업을 했다.
자동제어 헬기의 꿈을 접고 카메라가 달린 '드론'이라는 신개념 비
행기를 만들기로 했다. 하지만 드론 개발은 실패의 연속이었다. 창

업 자본금 0원, 그것도 아이디어 수준이라며 조롱을 당하기까지 했다. 이럴 때마다 왕타오는 더 강하게 자신을 두드렸다. '나의 길' 이 잘못됐다는 의심조차 하지 않았다.

"우리는 어쩔 수 없이 실패를 되풀이할지 모르지만,
작은 아이디어는
우리를 성공으로 이끄는
놀라운 결과를 가져다 줄 것이다."

사무실 책상 옆에 간이침대를 두고 매주 80시간씩 먹고 자며 일하며 드론을 개발하는 실행에 매달렸다. 창고 회사에 불과했던 이 회사는 10년 만에 직원 8천 명을 거느린 세계 1등 드론 회사로 성장했다. 드론을 만들겠다는 한 소년의 갈망은 그를 로봇과 전기공학을 공부하는 '나의 길'로 이끌었고 이 두드림은 세계 1위 드론 회사 DJI의 창업이라는 실행의 두드림을 만들어냈다.

그 결과 창업자 왕타오는 세계 최초로 '드론 억만장자'가 되었고 DJI는 전 세계 시장 점유율 70%를 장악하게 되었다. 어린 시절 작은 꿈, 창고에서 시작된 작은 창업이 나의 길을 이끌어줬고

이 길은 DJI를 세계적인 회사로 도약시켜줬다.

김중업, 건축가의 길을 개척하다

평양에서 태어난 김중업은 한국 현대건축가로는 처음으로 유럽에 진출하여 프랑스의 르 코르뷔지에 건축연구소에서 4년간 수업한 건축학 대가다. 남들이 가지 않는 '건축가의 길'을 개척해 한국 현대건축의 시조가 됐다.

"건축은 인간애의 담가입니다.
알뜰한 자연 속에
인간의 보다 나은 삶에 받쳐진
또 하나의 자연입니다."

그가 어떻게 한국 건축의 시조가 될 수 있었을까. 남과 다른 길을 개척했기 때문이다. 김중업은 30세 때 유네스코 주최로 이탈리아 베니스에서 열린 제1회 국제예술가 대회에 작가 김소운, 김말봉, 영화인 오영진, 조각가 윤효중과 함께 참가했다.

이곳에서 당시 세계 최고의 건축가로 평가받고 있던 프랑스 건축가 르 코르뷔지에를 만났다. 르 코르뷔지에는 현대 건축의 아버지로 불리는 건축학의 대가로, 1952년 프랑스 마르세유에 세워진 아파트의 시조 '유니테 다비타시옹'의 설계자다. 김중업은 이날 이후 '나의 길'을 설계했다. 한 달도 안 돼 김중업은 르 코르뷔지에 아틀리에를 찾아가 그의 제자가 되었다. 그리고 자신을 세계적인 건축가로 바꿔놓았다.

"인도 상디갈 '행정청사'
옥상정원 설계를 과제로 주며
2주간 시간을 주었죠.
작업 안을 본 코르뷔지에는
구상이 동양적이고 개성이 넘친다며
저를 채용했죠."

성공은 꿈꾸고 도전하는 사람, 두드림을 하는 사람의 것이다. 김중업은 이곳에서 3년 6개월간 머물며 현대 건축의 모든 것을 마스터했다. 르 코르뷔지에와 세계적인 건축물을 함께 설계했다. 그리고 브루탈리즘Brutalism을 한국에 가져왔다. 브루탈리즘은 가공하지 않은 재료 그대로의 사용과 노출 콘크리트Beton Brut의 광범위한 적용, 비형식주의, 건물에서 감추어져왔던 기능적인 설비들을 숨김없이 그대로 드러내는 건축기법이다.

명보극장, 서강대 본관, 제주대 본관, 부산 UN묘지 정문, 3·1빌딩, 부산대 본관, 건국대 도서관, 주한프랑스대사관, 진해해군공관 등 수많은 랜드마크 건물을 건축했다. 올림픽공원에 세워진 평화의 문이 그의 유작이다. 31층 높이의 삼일빌딩은 63빌딩 이전까지 대한민국 최고층 건물이었다. 김중업이 설계하고 1970년에 준공한 이 건물엔 마천루 이상의 의미가 있었다. 삼일빌딩은 대한민국 초고속 경제성장 아이콘 역할을 맡았다.

김중업은 특히 우리나라 단지형 아파트의 포문을 열었다. 1963년 우리나라 최초 단지형 아파트, 서울 마포아파트를 탄생시킨 주인공이다. 아파트는 단번에 근대화의 상징이자 우리나라의 새로운 주거형태로 자리 잡았다.

김중업이 현대 건축의 거장이 될 수 있었던 것은 나의 길을 선택한 결단이 있었기 때문이다. 평양에서 태어나 일본에서 건축을 공부하고 귀국해 서울대 조교수가 됐을 때 김중업 나이는 겨우 이

십대 중반이었다. 그 자체로 잘나가는 촉망받는 교수였다. 하지만 김중업은 서울대 교수라는 편안한 길을 포기했다. 대신에 야심 가득한 엘리트 청년은 1952년 르 코르뷔지에 제자가 되는 선택을 함으로써 자신의 운명을 바꿔놓았다.

김소희, 디자이너에서 셰프로 길을 바꾸다

오스트리아의 수도 빈에는 밥 한 끼 먹으려면 꼬박 3개월을 기다려야 하는 한국 식당 '김코흐트'가 있다. 이 식당의 주인은 유럽에서 가장 유명한 레스토랑을 만든 한국인 셰프 김소희다. 어떻게 이렇게 유명한 식당을 만들 수 있었을까?

김소희의 학창 시절 꿈은 디자이너였다. '디자이너의 길'을 찾아 고등학교 2학년 때 오스트리아로 유학을 떠나 디자인 학교를 수석으로 졸업할 정도로 능력을 인정받았다. 졸업 후 7년간 의상 디자이너로 일하며 역량을 뽐냈다. 하지만 일을 할수록 패션업계의 자유분방한 라이프사이클이 자신과 맞지 않는 것 같은 생각이 들었다. 그토록 원했던 길이지만, 이 길이 자신이 갈 길이 아니라는 생각이 들었다.

자신의 재능을 곰곰이 생각해봤다. 음식 맛에 남다른 감각이 있었고 어머니가 식당을 운영해서 보고들은 게 많았다. 그녀는 결국 디자이너 일을 그만두고 동업자와 함께 일식집을 열었다. 요리사로 첫출발이었다. 하지만 첫걸음은 실패로 끝났다.

"밥장사를 하면
그래도 밥이야 먹고 살겠지 싶어
식당을 했어요.
그런데 막상 해보니 그게 아니더라고요."

이번엔 주방장을 고용하고 자신은 경영에만 집중했다. 주방장의 음식솜씨 탓인지 가게는 파리만 날렸다.

"내 식당인데,
내가 직접 하자."

그녀는 요리연구에 파고들었다. 연어를 궤짝째 사다 놓고 한 달 내내 밤을 새워가며 회뜨는 연습을 했다. 죽기 아니면 까무러치기로 연습에 연습을 거듭했다. 조리사 자격증을 따고 퓨전 스타일 요리를 연구했다. 약초로 맛을 내고 수제비를 곁들인 도미 회, 인삼을 넣은 비빔밥 등 한식을 위주로 하되 퓨전 스타일로 외국인의 입맛을 공략했다. 게다가 생선과 채소를 주재료로 해서 건강식을 컨셉으로 잡았다.

그 결과 '오스트리아 최초의 여성 스시 요리사'라는 타이틀을 달게 됐고 유럽에서 가장 유명한 한인 요리여왕이 됐다. 지금 그녀는 '디자이너의 길'을 접고 진짜 '나의 길'을 찾아낸 것에 크게 만족해하고 있다.

박서보, 한국 추상미술의 길을 열다

원로화가 박서보는 한국 추상화단을 대표하는 화백이다. 그는 1960년대 후반 시작한 묘법描法 연작으로 확고하면서도 독보적인 작품세계를 구축했다. '변하지 않으면 추락한다'는 철학에 따라 '묘법'을 추구하되 그 안에서 끊임없는 변화를 추구하는 화법을 탄생시켰다. 박서보는 '화가의 길'에 목숨을 건 미술가다.

"나는 20대부터 80세가 되도록

하루 14시간 이상

변함없이 일에 파묻혀 살았죠.

곁눈질 한 번 하지 않고

바보처럼 외길을 걸었어."

박서보의 이 같은 외길 인생은 그를 대한민국 최고의 화가 반열에 올려놓았다. 300만 원 하던 100호짜리 그림은 40년 뒤 300배의 가격에 매진될 정도로 인기 화가가 됐다. 단색화라는 한국의 추상미술을 만들고 이끌었다. '나의 길'을 걷는 박서보는 항상 열정으로 가득차 있다. 언제나 시대를 앞서 가는 실험 정신이 있었고, 자기 세계에 대한 확고한 믿음이 있었다.

단색화 이후 채색 작업을 전개하는 도중 뇌경색으로 몸의 반쪽을 쓸 수 없게 됐다. 그럼에도 그림 그리기를 멈추지 않았다. 홍익대 교수를 정년퇴직하고도 그의 도전은 멈추지 않았다. 그는 평생한국 현대미술의 세계화, 독자적인 세계 개척을 실현하기 위해 노력했다. 그 결과 세계 최정상 화랑인 화이트큐브·페로탕갤러리 등의 러브콜이 잇따랐다. 그의 해외 전시는 완판행진을 이어갔다.

1950년대에서부터 오늘에 이르기까지 그는 순수 국내파 화가로 언제나 현대미술의 선두에 서 있었다. 대통령 표창, 중앙문화대상, 대한민국문화예술상, 국민훈장 석류장, 서울특별시문화상, 옥관문화훈장 등을 받았다.

윤수영, 독서 모임의 길을 만들다

가입부터 활동 조건까지 까다롭고 돈까지 받는 독서 모임이 있다.

"회비 19~29만 원(4개월)을 사전에 납부, 같이 읽을 책은
자비로 구입해 미리 읽고 올 것, 독후감(400자 이상)도
미리 제출해야 오프라인 모임 참석 가능,
회당 4시간 이상 열리는 토론에 참석할 것."

비싼 돈 내고, 독후감도 쓰고, 오프라인 모임에 시간까지 투자해야 하는 이 독서 모임은 수도권에 사는 2040세대들 사이에 금방 입소문이 났다. 2015년 회원 40명으로 시작한 서비스는 시작 3년 반 만에 유료 회원 5,600명, 독서 모임이 300개로 불어났다.

윤수영은 독서 모임 스타트업 '트레바리'를 창업해 소위 대박을 터뜨렸다. 소프트뱅크벤처스, 패스트인베스트먼트 등으로부터 50억 원을 투자받았다.

윤수영은 어떻게 이런 이색적인 창업을 하게 된 걸까? 윤수영은 포털 다음에 입사했지만, 1년 만에 사표를 던졌다. 나의 길은 창업이라는 생각이 들었기 때문이다.

"돈도 벌면서 의미 있는 일을 하고 싶었어요.
모든 사람이 독서 모임 하나씩을 하면
세상이 얼마나 좋아지겠나."

이 생각은 창업으로 연결됐다. 이 사업은 10년 뒤에 뜨는 사업이 아니라 10년이 지나도 변하지 않는 사업이 될 것이라고 믿었다. 게다가 윤수영은 자신이 지독한 독서광이었다. 처음엔 다들 독서 클럽이 돈이 되겠느냐고 말렸지만, 일단 시작해보고 잘되면 유료화하겠다는 계획을 세웠다. 온라인 시대에 업종 자체를 매우 아날로그적이고 오프라인적인 아이템으로 정해 발상의 전환을 했다. 예상과 달리 '나의 길'에 30대 초·중반 여성이 몰려들면서 창업은 큰 성공을 거뒀다.

닐 암스트롱, 달 탐험의 길에 도전하다

지금으로부터 50여 년 전인 1969년 7월, 당시 39세의 청년 닐 암스트롱은 인류 역사상 최초로 달에 발을 대디뎠다. 한 번도 가보지 않은 곳, 죽음이 기다리고 있는 곳일지도 모르지만 청년 암스트롱은 그 길을 선택했다. 그 길은 인류의 역사를 바꾸는 길이 됐다. 그를 인류 최초로 달에 발을 디딘 우주비행사로 만들어놓았다.

"한 인간에게는 작은 걸음이지만,
인류에게는 거대한 도약이다."
"That's one small step for a man,
one giant leap for mankind."

암스트롱이 달에 도착해서 한 말이다. 당시 전 세계인에게 큰 울림을 줬다. 그의 말 대로 작은 시작은, 인류의 역사를 바꾸는 대도약Giant Leap이 되고 있다. 인류는 달 착륙 이후 50년이 지난 2018년 11월 '제2의 지구'로 불리는 화성의 내부를 사상 최초로 탐사할 인사이트호를 착륙시켰고, 2022년 달 기지와 우주 호텔 건설을 준비하고 있다. 우주 여행, 우주 택배, 우주 장례식, 우주 쓰레기 수거 업체도 등장했다.

인사이트호는 화성이 형성된 과정과 수십억 년에 걸친 변화과정을 알아보고, 인류가 거주할 만한 곳인지를 조사하고 있다. 이를 통해 2030년 100만 명이 화성으로 이주해 사는 화성 시대를 열게 된다. 벌써 레오나르도 디카프리오, 저스틴 비버 등 650여 명이 1인당 3억 원가량을 내고 우주 여행을 예약해놓은 상태다. 이러한 일들의 시작은 '할 수 있다'는 캔두 정신과 도전 정신으로 무장한 두드림 때문에 가능했다.

미국 오하이오주 와파코네타라는 작은 마을에서 태어난 암스트롱은 유난히 비행기와 전투기에 관심이 많았다. 그래서 비행사가 되는 '나의 길'을 두드렸다. 항공기관학을 전공해 항공기의 모든 것에 대해 학습했고 바로 미국 해군 항공대 비행학교에 진학해 나의 길에 성큼 다가갔다.

전투기비행사 훈련중이던 1950년 6.25가 발생하자 암스트롱은 조종사로 한국전쟁에 자원했다. 무려 78차례나 전투기를 출격해 맹활약했다. 전쟁이 끝나고 복귀한 암스트롱은 1955년에 비행학교에 졸업한 뒤 1955년부터 1960년까지 고속 비행 기지에서 900회 이상 시험 비행사로 활약했다.

미항공우주국NASA은 우주시대를 열 비전을 세우고 청년 암스트롱을 항공우주비행사로 스카우트했다. 나의 길을 꾸준히 걸으며 쌓아 놓은 화려한 경력과 경험이 세계인의 역사를 바꾸는 경쟁력이 됐던 것이다. 나의 길을 만들기 위한 두드림이 인류 역사에 남는 인물로 만들어줬던 것이다.

나의 길을 선택하면 두려움이 사라지게 된다. 우주선이 폭발하거나 돌아오지 못할 위험한 길이었지만, 암스트롱은 역사를 향한 선택을 했다. 캔두 정신과 도전 정신으로 어린 자식과 아내를 두고 죽음을 각오한 채 외롭게 우주선에 올라탔다. 그리고 인류의 역사를 바꾸는 역사적 인물이 됐다.

콜럼버스, 신대륙 항해의 길을 개척하다

"낡은 지도만 따라가면 신대륙을 볼 수 없다."

신대륙을 최초로 발견한 크리스토퍼 콜럼버스가 활동하던 15세기 중반 이후 16세기는 대항해의 시대였다.

콜럼버스는 1451년 이탈리아의 항구 도시인 제노바에서 태어났다. 배를 보고 자라면서 자연스럽게 '탐험가의 길'을 두드렸다. 당시 제노바는 조선업으로 유명한 이탈리아의 주요 항구였기 때문에 소년 콜럼버스는 항구에서 무역 거래를 하는 이탈리아와 동방 상인들을 보면서 무역 항로 개척과 부자가 되는 꿈을 키웠다. 훗날 콜럼버스가 동양을 찾아 떠난 이유 역시 기존의 무역 항로에서 벗어나 새로운 길을 개척하는 것이었다. 동시에 동양의 진귀한 물품들을 들여올 새로운 무역 항로를 찾기 위해서였다.

25세 청년 콜럼버스는 본격적으로 탐험가의 길을 걷기로 했다. 그런데 그가 탑승한 상선이 프랑스와 포르투갈 해적선의 공격을 받아 죽을 고비를 넘기고 포르투갈의 리스본에 상륙하게 됐다. 이곳에서 청년 콜럼버스는 '나의 길'을 구체화했다. 리스본은 대서양을 향해 열려 있는 유럽의 거대 항구도시로 미지의 땅에 대한 도전을 꿈꾸는 사람들로 들썩였다.

나의 길을 어떻게 두드릴까를 고민하던 콜럼버스는 '지도 제작의 길'을 선택했다. 항로와 육로를 정확하게 알아야 대서양을 횡

단해 신대륙을 개척할 수 있다고 믿었기 때문이다. 콜럼버스는 동생과 지도 제작에 매달렸고 형제는 단숨에 뛰어난 지도 제작자가 됐다.

독학으로 스페인어를 공부했고 독서를 통해 교양을 쌓았다. 당시 유명했던 이탈리아 상인이자 탐험가인 마르코 폴로의 《동방견문록》을 읽고 몽골 제국의 황제인 쿠빌라이 칸을 만날 꿈을 두드렸다. 당시 인기 있던 선박인 카라벨의 조종법을 익혔고 북대서양의 아일랜드와 아이슬란드를 항해하기 시작했다. 장인이 유품으로 남긴 항해 지도와 선장 일지, 지도 등을 보물처럼 여기며 나의 길을 설계했다. 콜럼버스의 머리는 온통 동양으로 가는 항로를 개척해 향료와 비단, 황금을 얻고 가톨릭을 전파할 꿈에 부풀어 있었다.

'나의 항로'를 개척해 부자가 될 설계를 끝낸 콜럼버스 형제는 항해를 도와줄 후원자를 찾기 시작했다. 포르투갈, 영국, 이탈리아의 여러 도시 국가의 지도자들에게 지원을 요청했지만, 거절당했다. 천신만고 끝에 스페인 이사벨 여왕의 후원을 약속받고 나의 항로를 개척할 뜻을 이루게 됐다. 항해를 같이 할 당대 최고의 선원 핀손 형제도 만나게 됐다. 의사, 목수, 은세공사, 스페인황실의 사절, 아랍어 통역사까지 모두 90명의 인원이 모였다.

"기존의 관념과는 다르게 지구는 둥글 거야.
세상은 그다지 크지 않으며,
바다 서쪽 끝에는 낭떠러지가 아닌
무언가가 있을 거야."

이 같은 믿음으로 콜럼버스는 나의 항로를 개척했다. 지구는 둥글 테니까 서쪽으로 계속 항해를 하면 언젠가는 세계를 한 바퀴 돌아서 중국과 인도에 닿을 수 있으리라 믿었다. 그의 예상대로 당시 사람들이 생각하던 것처럼 바다의 끝은 낭떠러지가 아니었다.

1492년 8월 3일 대항해를 시작했다. 하지만 두 달 넘게 육지가 보이지 않았다. 선원들은 포악해졌고 선상 반란이 일어날 상황이었다. 그때 콜럼버스가 말했다.

"육지가 보이지 않으면
내 머리를 잘라도 좋소."

같은 해 10월 12일 새벽 2시경 드디어 육지가 보였다. 이들은 현재의 바하마 제도에 있는 산살바도르섬에 도착함으로써 미국, 아메리카 신대륙에 처음으로 발을 내딛는 최초의 유럽인이 됐다. 산타 마리아 등 세 척의 범선을 끌고 그가 스페인의 팔로스항을 떠난 지 33일만의 일이었다. 나의 항로를 개척하기 위한 두드림이 첫 아메리카 대륙 발견이라는 위대한 결과를 가져다 줬다. 그리고 전 세계인의 역사로 기록됐다.

마젤란, 세계일주의 길을 열다

"지구는 둥글다.
그러면 항해 끝에 다시 제자리로 온다."

포르투갈 출신의 스페인 항해사 페르디난드 마젤란은 인류 최초로 지구가 둥글다는 사실을 증명한 주인공이다. 당시 동방항로에 대한 탐구가 한창이던 시절 마젤란 역시 서쪽 항로를 개척해 부자가 되는 꿈을 두드렸다.

스페인 국왕 카를로스 1세의 허락을 받아 1519년 8월 10일, 마젤란은 서쪽 항로로 향신료제도로 알려진 몰루카 제도로 갈 계획을 세웠다. 그리고 빅토리아호를 비롯해 5척의 배와 270명으로 된 선단을 이끌고 스페인의 산루칼항을 출발했다. 하지만 항해는 쉽지 않았다. 남아메리카의 남쪽 끝에 닿는 데만 열 달이 걸렸고, 항해 도중 선상 반란이 일어나기도 했다.

그러나 '지구가 둥글다'는 사실을 항해를 통해 증명하기 위해 처음 가는 마젤란의 길을 가로막지는 못했다. 마젤란은 남아메리카 끝의 좁고 험한 해협에 닿아 38일 만에 간신히 그곳을 빠져나왔다. 오늘날 마젤란이 처음 갔던 그 길은 마젤란 해협이라고 불리고 있다.

이곳을 지나자 마젤란의 배는 유럽인은 한 번도 가로질러본 적 없는 바다로 들어섰다. 폭풍우로 죽을 고비를 넘기게 했던 마젤란 해협과는 달리 고요하고 넓은 바다였다. 너무나 감격해서 마젤란은 감격해하며 이 바다를 '태평양'이라고 이름 지었다.

항해는 계속됐고 1521년 3월 괌에 도착한데 이어 108일간의 항해 끝에 1521년 4월 마젤란 함대는 필리핀에 도착했다. 이것이 필리핀에 가톨릭을 전파하게 된 시초가 됐다. 이 일로 필리핀은 동남아시아에서 유일하게 로마 가톨릭이 국교인 나라가 되었다.

안타깝게 마젤란은 원주민들에게 죽임을 당했고 그의 부하가 항해를 계속하여 1522년 9월, 배 한 척만이 다시 스페인 세비야에 귀환하여 세계 일주를 완성했다. 3년이 넘는 시간 동안 대서양과 태평양을 가로질러 세계 일주를 완성한 엄청난 항로였다. 국왕은 살아 돌아온 선원들에게 "처음으로 세계를 한 바퀴 돌았다"며 문장을 주어 그들의 업적을 기렸다. 지구가 둥글다는 사실을 증명하겠다는 두드림은 '처음 가는 길'에 큰 확신을 줬다.

내 삶의 주인공이 되는 법칙

"내 삶의 주인공은 나"라고 외쳐라

위대한 결과 뒤에는 언제나 '내 삶의 주인공은 나'라는 인생설계와 꿈꾸고 도전하는 '두드림 정신'이 있었다. 우리도 내가 선택한길이 잘 풀리지 않는다면, 이렇게 외쳐보자.

"내 삶의 주인공은 나야, 나!"

속삭이듯 외치지 말고 큰 소리로 다시 한 번 외쳐보자.

"내 삶의 주인공은 나!"

"나는 내 삶의 주인이야!"

그러면, 힘과 용기가 다시 생겨나게 될 것이다. 이 책《내 삶의 주인공은 나》를 수백 번 되풀이해서 읽고 '나의 길'에 확신을 가져야 한다. 성공한 사람들의 도전 이야기를 되새기며 나 자신의 길을 더 단단하게 다져야 한다.

내 삶의 주인공이 되어 자신의 운명을 바꾸고 새로운 역사를 만든 도전자들의 성공 스토리를 가슴속 깊이 간직해야 한다. 우리들의 영웅들이 했던 성공 법칙, 내 삶의 주인공이 되는 법칙을 배우고 따라해야 한다. 이 과정을 통해 '내 삶의 주인공은 나'라는 확신과 믿음으로 후회 없는 삶을 살기 위해 노력해야 한다. 자신의 비전을 설정하고 그 꿈을 이룬 리더들의 캔두 정신, 즉 두드림의 철학을 배워야 한다.

성공을 향한 가슴 뛰는 도전 이야기, 좌절과 방황의 순간을 이겨낸 집념의 이야기, 작은 도전으로 큰 결과를 만들어낸 성공 이야기, 영웅들의 몰랐던 청년시절 이야기 등 다채로운 이야기를 통해 감동과 전율을 느끼며 성공으로 한 걸음 한 걸음 나아가는 나를 발견해야 한다. 나이 들었다고, 이제 늦었다고 생각하지 말라. 어른들도 어렸을 때나 청년시절 가졌던 고민과 꿈을 다시 불러내야 한다. 나와 세상을 좀 더 희망차게 만들어줄 방법을 찾아내야 한다. 나의 길을 풍요롭게 해줄 멋진 설계를 해가며 밝고 희망찬 미래를 만들어가야 한다.

나의 길은 아무도 남이 대신해줄 수 없다. 한 번뿐인 '나의 길', 후회가 없도록 해야 한다. 정글과 사막이 나오더라도 나의 길을 개척해 나를 위한 행복, 나를 위한 미래를 설계해야 한다. 그래야 나의 능력을 최대로 펼칠 수 있고 실패 확률도 낮출 수 있다.

나의 길을 여는 두드림 따라 하기

- ✓ "내 삶의 주인공은 나"라고 외쳐라.
- ✓ 나의 미래는 내가 설계하고 디자인하라.
- ✓ 내가 꿈꾸는 것으로 내 삶을 만들라.
- ✓ 한 번뿐인 인생, 후회 없는 선택을 하라.
- ✓ 두드림 정신으로 '나의 길'을 걸어라.
- ✓ 진짜 나는 누구인지를 찾아내라.
- ✓ 언제, 무엇을 할 때 내가 가장 행복한지 생각하라.
- ✓ 이 길이 아니라고 생각하면 바로 중단하라.
- ✓ 가고 싶은 길이 있으면 그 길로 들어서라.
- ✓ 불가능한 길이라고 겁먹지 말라.
- ✓ 처음 가는 길일수록 강한 확신을 가져라.
- ✓ 먼 훗날 '가지 않은 길'에 대해 후회 없도록 하라.
- ✓ 갈망 · 생각 · 실행의 두드림으로 나의 길을 찾아라.
- ✓ 닐 암스트롱, 작은 발걸음으로 위대한 도약 이끌다.
- ✓ 콜럼버스, '나의 항로' 설계가 신대륙을 찾아줬다.
- ✓ 마젤란, 두드림이 나의 첫 항로에 확신을 줬다.

PART

3

두드림의 기적들

세상을 바꾸는 두드림의 기적

두드려라, 그러면 열릴 것이다

　MBN 기자들이 지난 6년간 크고 작은 성공을 거둔 사람들의
특징을 분석한 결과, 원하는 것을 이뤄낸 사람들은 모두 그들만의
성공 비밀이 있었다.

　누구나 원하는 목표를 이루겠다는 갈망의 두드림이 있었고 그
갈망을 어떻게 이룰 것인가를 숱하게 고민하는 생각의 두드림이
있었다. 마지막으로 가장 중요한 '실행'이 있었다. 실행의 두드림은
불가능을 가능으로 바꿔놓았고 상상을 현실로 바꿔놓았다. 결국
원하는 것을 꿈꾸고Dream 끝까지 꿈을 두드린Do 사람은 누구나

크든, 작든 원하는 것을 쟁취해냈다. 이것이 바로 두드림DoDream의 기적이다.

그런데 이 두드림의 기적을 만들어내는 데 있어 가장 중요했던 것은 성공한 사람들은 누구보다 강력한 두드림 정신을 갖고 있었다는 점이다. '나도 할 수 있다'는 캔두 정신과 '한번 해보지, 그까짓 것'이라는 강한 도전 정신으로 똘똘 뭉쳐져 있다. 이 같은 두드림 정신은 꿈을 향한 생각의 끈, 화두를 놓지 않도록 도전 정신을 북돋워줬다. 고난과 역경이 있더라도 꿈을 향한 도전을 쉽게 중단하지 않았다. 안된다고 포기하지도 않았다.

성공한 사람들은 "두드려라! 그러면 열릴 것이다"는 믿음 하나로 삶을 끊임없이 두드렸다. '나의 길'을 찾아 성공 신화를 만들어냈다. 자신의 나태함을 두드려 부지런한 사람으로 바꿨고 가난을 두드려 부자가 됐다. 공부 못하는 나를 두드려 공부를 잘하는 사람이 됐다. 공부가 아닌 다른 끼를 찾아내 인생을 바꿨다. 창업을 통해 혁신의 선구자가 됐다. 운동을 통해 금메달을 따고 음악과 연기를 통해 스타가 되거나 심지어 산을 정복해 도전 정신의 상징이 되기도 했다. 누구나 "안 된다"고 하는 것을 두드려 기적을 만들어냈다. 나만의 길을 개척해 부러움을 사고 박수갈채를 받았다.

'두드림'을 통해 인생을 바꾸고 세상을 바꾼 '두드림의 기적들'을 소개한다.

신기한 마법의 힘을 가진 두드림

'두드림'은 참 신기한 힘을 가졌다. 두드림의 힘을 믿으면 믿는 대로 됐다. 비단 성공한 사람들만의 이야기가 아니다.

암에 걸렸던 한 환자는 '이까짓 것, 암을 내가 이겨낼 거야'라고 마음먹고 암을 극복하는 방법들을 따라 실천하자, 암이 사라졌다. 일본 최고 부자 손정의는 25세 때 중증 간암이 찾아왔다. 5년 밖에 살 수 없다는 시한부 인생이 선고됐다. 하지만, 손정의는 일본 최고 CEO가 되려는 '나의 길'을 암도 가로막지 못할 것이라는 강한 의지로 병을 완치했다. 두드림으로 암을 반드시 극복할 수 있다고 믿었다.

자신만의 꿈을 실현하기 위해 꾸준한 노력을 이어간 많은 사람이 있다. 텔레비전에 나온 가수를 보고 매일 아침 노래를 시작했더니, 어느 날 가수가 되어 있었고 춤꾼을 꿈꿨더니 진짜 백댄서가 되어 있었다. 공부를 못한다고 놀림을 받던 한 친구는 군을 다녀온 뒤 공부를 다시 시작해 일류대학에 진학했다. 공부를 일찌감치 접고 장사를 해서 돈을 벌겠다고 학창시절 떠벌리던 친구는 몇 년이 지나 벤츠를 몰고 다니는 부자 장사꾼이 되었다.

실제로 있었던 일이다. 한 고등학교에서 졸업한 지 30년이 된 졸업생들을 대상으로 홈커밍데이가 열렸다. 그런데 정작 행사장에 벤츠와 BMW 등 고급차를 몰고 나타난 졸업생들, 그날 밥값과 거액의 기부금을 내고 간 동문들은 학창시절 전교권 석차에 든 사람은 별로 없었고 공부에서 두각을 나타내지 못했지만, 남다른 두드림이 있었던 친구들이었다. 반면에 공부를 잘해 공무원이나 의사, 대기업 직원이 된 친구들은 아예 회사일에 묶여 행사장에 오지도 못하거나 행사장에도 가장 늦게 나타났다.

남들이 가지 않았던 자신만의 길을 간 사람들은 누구나 부러워하는 두드림을 완성해냈다. 옷가게를 창업하고 반듯한 카페와 식당을 운영하고 삶의 여유를 누리며 자신만의 신세계를 창조해냈다. 누구나 꿈꾸고 도전하면 두드림의 기적을 자신의 것으로 만들 수 있다. 또 누구나 숨은 재능이 있다. 그리고 세상을 위해 할 일을 갖고 태어난다. 내가 잘할 수 있는 나의 길을 찾아내 두드림하자.

DoDream

나의 길을 찾아주는 두드림의 기적

나의 길을 설계해주는 두드림

애니메이션 제국을 만든 월트 디즈니의 두드림은 쉽게 이뤄지지 않았다. 디즈니는 만화가의 길을 꿈꾸며 수많은 회사에 입사지원서를 냈다. 하지만 그를 불러주는 회사는 없었다. 취업이 되더라도 재능이 없다는 이유로 번번이 해고당했다. 제대로 된 정규교육을 받지 않았기 때문이었다.

디즈니는 스스로 만화가의 길을 개척하기로 했다. 세상이 그의 역량을 인정해주지 않았기 때문이다.

"꿈을 이루고자 하는 용기만 있다면
모든 꿈을 이룰 수 있다."

22세 청년 디즈니는 아예 '월트 디즈니 컴퍼니'를 창업했다. 꿈과 열정을 앞세운 두드림 정신만으로 '나의 길'을 스스로 개척한 것이다. 시작은 미약했다. 저축한 돈을 찾아서 카메라 한 대를 빌려 삼촌의 차고에 스튜디오를 차렸다.

각고의 노력 끝에 첫 작품 〈앨리스의 모험〉을 완성해냈다. 하지만 이를 출판해주는 곳은 없었다. 300번 넘게 거절당했다. 이어서 다섯 번의 파산, 오랜 실직, 끼니를 거를 정도의 가난이 그를 괴롭혔다. 하지만 그는 나의 길이 실패할 것이라고는 단 한 번도 생각하지 않았다. 묵묵히 꿈을 두드리며 나의 길을 더욱 폼나게 만들었다.

천신만고 끝에 자신의 창작 캐릭터인 미키 마우스를 탄생시켰다. 하지만 이번에도 관객 반응은 신통치 않았고 배급사도 고개를 저었다. 디즈니는 이에 굴하지 않고 그의 길을 세상에서 가장 멋진 길로 바꿔놓았다. 만화 왕국을 만들었고 전 세계 어린이들에게 꿈을 심어주는 동심의 세계 디즈니랜드와 디즈니월드를 세계적인 놀이공원으로 완성해냈다. 〈미키 마우스〉, 〈도널드 덕〉, 〈곰돌이 푸〉, 〈인어공주〉, 〈라이온 킹〉, 〈겨울왕국〉 등 공전의 히트작을 만들어내며 나의 길이 틀리지 않았음을 증명해보였다. 그는 세계적인 애니메이션 제왕으로 다시 태어났다. 두드림과 '나의 길'에 대한 믿음은 실패를 딛고 일어나도록 하는 큰 원동력이 된다.

나의 길을 넓혀주는 두드림

일본 자동차 회사 혼다의 창업자 혼다 소이치로는 철공소의 아들로 태어났다. 하루 종일 쇠를 치는 해머와 각종 기계 소리를 듣고 자랐다.

그러던 어느 날 시골 마을에 나타난 미국의 포드 자동차를 보게 됐다.

"획, 달려가는 저건 뭐지?"

혼다는 난생 처음 보는 자동차에 푹 빠졌다. 이 날 이후 혼다는 '내가 갈 길은 자동차 제작자가 되는 길'이라고 생각했다. '나도

저런 자동차를 만들고 싶다'는 갈망의 두드림을 시작했다.

생각의 두드림에 빠져 철공소에 있는 고물 자전거를 분해하고 변형시키기를 반복하던 중 일생을 바꿀 일이 생겼다. 15세가 된 소년 혼다의 눈에 '도쿄의 한 전동차 정비소에서 직원을 뽑는다'는 모집공고가 들어온 것이다. 이 공고를 본 혼다는 '나의 길'을 찾아 무작정 도쿄로 올라갔다. 7년이 지난 뒤 정비소 사장은 "더 이상 가르칠 게 없다"며 독립을 권유했다.

22세 청년 혼다는 나의 길을 본격적으로 개척해 '혼다 자동차'를 창업했다. 출발은 미약했다. 자동차 정비소로 출발해 자동차 부품 생산 공장으로, 오토바이 회사로, 자동차 제조사로 발전시켜가는 원대한 두드림을 실천했다.

"꿈, 기술, 도전
이 세 가지만 있으면
누구든지 성공할 수 있다."

자동차 부품회사로 성공한 혼다는 '다음 길'로 오토바이 최강자가 되는 꿈을 두드렸다. 그리고 꿈에도 그리던 혼다 자동차를 생산해 세계적인 브랜드로 발전시켰다.

10대 어린 시절 마을에 나타난 자동차 한 대를 보고 나의 길을 설계했던 혼다의 두드림이 일본 굴지의 자동차 회사를 만들어낸 것이다.

새 길을 알려주는 두드림

치킨 체인점 KFC의 창립자는 미국인 커널 할랜드 샌더스다. 그는 맥도날드가 큰 성공을 거두는 것을 보고 맥도날드를 능가하는 프랜차이즈를 만들겠다는 꿈을 두드렸다. 그의 나이 62세 때다. 치킨집 창업을 '나의 길'로 결정했다.

"나만의 특별한 레시피를 개발해
세계 시장을 개척해야지."

그러나 창업의 길은 샌더슨이 걸어왔던 길과는 전혀 다른 길이었다. 그는 평생 군인의 길을 걸어왔기 때문이다. 미국 육군 대령으로 제대한 상태였기 때문에 '치킨회사 CEO의 길'은 그와 전혀 맞지 않았다. 게다가 오리지널 치킨의 조리법 개발은 쉬운 일이 아니었다. 미국 남부식 닭고기 튀김 조리법 개발에 매진했다. 조리법 개발에 성공한 샌더슨은 자신의 조리법을 팔기 위해 미국 전역을 떠돌아 다녔다. 하지만 무려 1,008번 거절당했다.

그럼에도 두드림을 멈추지 않았다. 치킨인의 길을 포기하지 않고 자신의 조리법을 알아봐줄 사람을 찾아다녔다. 마침내 미국 유타주 솔트레이크시티에서 피트 하먼이라는 사업가가 조리법을 구매하기로 결정했다. 치킨 이름도 '켄터키 프라이드 치킨KFC'으로 바꿨다. KFC 치킨집 앞에는 창업자 샌더스의 이미지를 본떠 동그란 안경과 염소 수염, 그리고 흰색 양복을 입고 서있는 모델을 놓았다. 치킨에 대한 신뢰를 주기 위해서다.

두드림은 이처럼 나의 길을 포기하지 않는 힘을 준다. 만약 샌더슨이 조리법 판매하는 일을 1,000번째 실패했을 때 멈췄다면 KFC는 탄생하지 않았을 것이다. 두드림은 나의 길을 실패가 아닌 성공의 길로 바꿔준다.

막힌 길을 뚫게 만드는 두드림

리처드 브랜슨 버진 그룹 회장은 괴짜 CEO로 영국 최고 부자
기도 하다. 그런데 브랜슨은 난독증으로 글을 잘 읽을 줄 모른다.
하지만 '기자의 길'을 두드렸다. 두드림이 그의 막힌 길을 뚫어주
었다.

15세 때 기자가 되는 길을 스스로 찾아냈다. 잡지 〈스튜던트〉
를 창간해 편집장이 된 것이다. 2년간 수백 통의 전화를 돌리고 또
수백 통의 편지를 쓰며 잡지 경영에 큰 성공을 거뒀다. 광고수입으
로 2,500파운드(현재 약 7,000만 원 가치)를 벌어들였다.

잡지사 창업을 통해 사업에 흥미를 느낀 브랜슨은 더 큰 꿈을
키웠다. '사업가의 길'을 두드렸다. 부모를 설득해 아예 고등학교를
그만두고 전업 사업가가 됐다. 이번엔 잡지사를 접고 음반 판매 회
사, 버진 레코드를 창업했다. 무명 음악가였던 마이크 올드필드와
계약해 데뷔작 〈튜불라 벨스〉를 히트시키면서 버진 레코드는 영
국을 대표하는 음반회사로 성장했다.

음반 사업으로 성공한 브랜슨은 이번에는 더 큰 꿈을 두드렸다.
'항공사 CEO의 길'을 두드렸다. 항공사 버진 애틀랜틱을 창업했

다. 브랜슨이 계획을 밝혔을 때 직원들은 "무모하다"며 모두 반대했다.

"혁신이란 최초나 최대가 아니라 최선이다.
고객이 원하는 것을 찾아 최선을 다하면
성공할 수 있다."

브랜슨의 두드림은 누구보다 강렬했다. 꿈꾸고 도전하는 두드림으로 캔두 정신과 도전 정신으로 한 단계씩 더 큰 꿈을 단계적으로 이뤄냈다. 나의 길을 수시로 더 큰 길로 발전시켜나갔다. 브랜슨은 2004년 버진 갤럭틱이라는 회사를 창업해 세계 최초의 민간 우주여행시대를 준비하고 있다. 인류 첫 우주여행의 길을 개척하고 있는 것이다.

스타의 길을 열어주는 두드림

그는 꿈이 없었다. 하고 싶은 것도, 인생의 목표도 없었다. 그저 클럽을 다니며 노는 게 일이었다. 그런 자신을 "히피였다"고 말할 정도다. 미대 진학을 꿈꿨지만 이마저도 실패해 원하지 않는 학과에 입학했다. 대학 때 공부도 지지리도 안 했고, 못했다.

그런 그가 군에 입대하고 상병이 되었을 때, 우연히 잡스가 죽었다는 뉴스를 보고 잡스의 광팬들이 많다는 사실에 깜짝 놀랐다.

"내무반 친구가 사과를 하나 가져오더니,
오늘은 인류역사상 가장 슬픈 날이라며
제사상을 만들어 절을 하더라고요."

충격을 받은 그는 잡스에 관한 책은 물론 동영상을 닥치는 대로 읽고 공부했다. 그는 현재 13만 구독자를 가진 1인 유튜버로 성장한 김태용이다.

"나의 길을 개척하자."

제대하자마자, 성공한 기업인들이 나올 때마다 그 기업인의 회사 홈페이지에 만나고 싶다는 요청을 막무가내로 보냈다. 마케팅 전략을 짜주겠다고 글을 올려 회사를 찾아가기도 했다. 온라인 갤러리까지 창업했다. 가구 사업 동업도 시작했다. 하지만 쉽지 않았다. 번 돈을 다 잃고 망했다. 대학 졸업하고 가진 돈은 350만원이 전부였다.

"가자, 미국 실리콘밸리로."

취업은 싫었고, 사업하자니 겁도 났다. 김태용은 "답이 보이지 않으면 답을 찾아야 한다. 그러려면 나보다 훨씬 더 뛰어난 사람들이 살고 있는 곳으로 찾아가보자"는 결론에 도달했다고 한다. 이 일은 김태용의 운명을 바꿔놓았다. 그는 그곳에서 실리콘밸리 취재기를 유튜브로 전달했다. 이 사건은 그를 스타 유튜버로 만들어줬다.

기적 같은 일이었다. 아는 사람도 없었다. 영어도 짧았다. 학연, 지연, 혈연 하나도 없었다. '실리콘밸리에서 일하는 한국인들을 만나고 싶습니다'라는 동영상을 찍어 유튜브와 현지 한국인 카페에 올리면 자연스럽게 만남과 모임이 이뤄졌고, 일도 주어졌다. 두드림은 나의 길을 찾는 사람에게 기적의 문을 열어준다. 불가능한 일을 가능한 일로 만들어준다.

장명숙은 〈밀라논나〉라는 유튜브 채널을 운영하고 있는 60대 크리에이터다. 이력도 다채롭다. 밀라노에서 유학한 최초의 한국인으로 무대 의상 디자이너로 30년간 한국과 이탈리아를 오가며 활동했다. 말 그대로 패션 전문가이다. 이탈리아 정부로부터 명예기사 작위를 받았다. 그런 그녀가 이제 유튜버로 새 인생의 길을 걷고 있다. 그는 '나도 저렇게 늙고 싶다'의 표본이 되었다. '젊은 어른'이 되었다.

패션 디자이너 정욱준은 마흔의 나이로 파리 컬렉션에 데뷔해 타임지가 선정한 아시아 최고 패션디자이너 4인방이 됐다. 하지만 그는 처음엔 '패션의 길'을 거부했다. 1980년대만 하더라도 우리나라에서는 패션을 하는 남자가 흔치 않았기 때문이다. 그래서 패션을 전공하지 않고 미술대학에 진학했다.

하지만 제대 후 '진짜 나'를 찾게 됐다. 여전히 옷을 만들고 싶었고 패션이 계속 마음에 들어왔기 때문이다. 때마침 프랑스 유명 패션스쿨인 에스모드ESMOD가 서울에 분교를 냈다. 정욱준은 다니던 학교를 그만두고 이곳에 입학해 본격적으로 패션을 공부하기 시작한다. 기회를 잡는 실행의 두드림을 시작한 것이다. 가고 싶은 길에 올라서자 모든 게 순탄하게 술술 풀렸다. 유명 패션회사 쉬퐁에서 그를 불렀고 자신만의 남성복 브랜드 '론 커스텀'을 론칭할 수 있었다.

40세가 되자, 자신의 이름과 성의 이니셜을 딴 준지Juun.J라는 브랜드로 파리컬렉션에 참가하며 글로벌 시장에 도전장을 냈다. 2012년에는 삼성물산 패션 브랜드가 됐고 2016년에는 세계적인 남성복 전시회인 이탈리아의 피티워모에서 한국인 최초 게스트 디자이너로 초청받았다.

'진짜 나'를 찾아내 패션인의 길을 걷고 있는 정욱준은 2020년까지 전 세계 300여개의 매장 진출과 매출 1,000억 원을 목표하고 있다. 진짜 나를 찾아내는 두드림은 누구든지 '바람'을 '성공'으로 바꿔준다.

천재성을 확인시켜주는 두드림

1994년생 작곡가 최재혁. 그는 24세에 제네바 콩쿠르에서 우승하며 장차 대성할 작곡가가 될 재목이라는 사실을 전 세계에 알렸다. 1939년 시작된 제네바 콩쿠르에서 한국인 음악가가 우승한 것은 1971년 첼리스트 정명화, 2013년 작곡가 조광호, 2015년 피아니스트 문지영에 이어 사상 4번째다.

> "음악은 소리로 하는 철학입니다.
> 현대 음악은 가슴이 아닌
> 머리로 들어야 하죠."

청년 작곡가 최재혁은 확고한 주관을 갖고 있다. 그는 "현대 음악은 과거의 그것과는 존재의 의미가 다르고 모차르트·하이든 시대보다 엘리트화됐다"고 진단한다. 따라서 현대음악 연주회에 갈 때는 같이 머리를 쓰면서, 함께 이해하고 느낄 준비가 되어 있어야 한다고 말한다. 이 같은 생각과 철학이 그를 세계적인 인물로 바꿔 놓고 있다.

최재혁이 '작곡가의 길'을 결심한 것은 그의 나이 14살 때다. 5살부터 동네 학원에서 바이올린을 배우고 중학교 때 아마추어 유스 오케스트라에 입단했지만, 그저 취미 수준이었다. 그러던 어느 날 혼자 작곡을 해서 오케스트라 단장과 음악감독에게 보여줬다.

그런데 그들의 반응이 남달랐다. 작곡가의 길을 권고한 것이다. 이 날부터 최재혁은 "이 길이 내 길이다"며 세계적인 음악인가 될 꿈을 두드렸다. 말러 같은 작곡가 겸 지휘자가 되는 더 큰 꿈을 두드리고 있다.

김희정은 쇼콜라티에라는 직업을 가진 세계적인 초콜렛 장인이다. 초콜릿을 만들고 디자인해 예술작품을 만드는 초콜릿 요리사다. 그녀는 어떻게 이런 이색 직업을 갖게 됐을까?

10대 때 그녀가 꿈꿨던 '나의 길'을 30대가 됐을 때 깨달았기 때문이다. 어린 시절, 그녀의 입 주변엔 늘 초콜릿의 흔적이 남아 있었고 케이크나 과자 종류가 손에서 떨어져 본 적이 별로 없었다. 그녀는 빵이나 초콜릿을 만드는 사람이 되겠다는 꿈을 가졌다. 대기업에 입사한 김희정은 회사 생활 10년이 지나서야 '진짜 나'를 찾아냈다. 사표를 던지고 1년간 공부해 프랑스 국립고등제과학교ENSP에 입학했다. 파티시에, 쇼콜라티에 자격증을 차례로 따며 '나의 길'에 올랐다.

　　대한민국의 대표가수 방탄소년단BTS이 가요계의 새로운 전설을 만들어가고 있다. 방탄소년단은 2019년 한 해에만 13개국, 23개 도시에서 열린 62차례 공연을 했다. 관객만 206만 명에 달한다. 이는 세계 최초의 경이적인 기록이다. 〈작은 것들을 위한 시〉는 앨범과 싱글 인기차트인 미국 '빌보드 200'과 '핫 100'에서 각각 1위와 8위에 올랐다. '빌보드 200' 1위 자리에 오른 것만 세 번째다. BTS 7명이 벌어들인 돈만 한 해 2,000억 원이 넘는다. 3,080만 명의 유튜브 구독자가 BTS 영상을 35억 7,829만 번 조회했다.

　　이들의 성공은 어디에서 나온 것일까. 바로 천직 가수의 길을 찾아 나의 길을 찾아낸 두드림 정신에서 나왔다. BTS는 팀 이름부터 특이하다. 방탄소년단이다. '방탄'에 방점이 찍혀 있다. 10대들을 향해 날아드는 총알 같은 폭력과 억압을 막는 역할을 하겠다는 강한 의지를 팀 이름에 담았다. 10대를 대변하는 아이돌임을 자처했던 것이다. 가사와 노래 역시 10대의 취향을 저격했다.

　　초기의 학교 3부작과 화양연화 시리즈는 10대부터 청년기에 이르는 청춘들의 모습을 살갗에 와 닿게 그려내는 데 집중했다. 불투

명한 미래와 노력해도 격차를 좁히기 힘든 현실, 그리고 청년기에
만 느낄 수 있는 고통과 혈기, 극복 의지를 음악으로 표현해냈다.
젊은 세대로 하여금 자연스럽게 동질감에 빠져들게 했다.

BTS는 앨범 〈LOVE YOURSELF〉를 통해 무엇을 전하려
고 하는 걸까? '아프지만 아름다운 청춘'을 화두로 제시하고 있다.

"우리가 제일 못하는 것
스스로 자책하고, 스스로 원망하고
늘 나보다 다른 사람이 더 커 보이고
나는 언제나 작아보이기만 하는…
내가 나 자신을 가장 잘 알기에 그럴 수밖에 없는 거겠지."

BTS는 우리들의 이야기를 하고 있다.

"두려웠다.
나 자신으로는 사랑받을 자신이 없었다.
시간을 되돌릴 수 있다면

우리는 어디로 돌아가야 할까.
두려움 없이 사랑하는 것,
나 자신으로 살아가는 것."

그렇다. 우리는 두려움 없이 사랑하고 나 자신으로 살아가야 한다. 하지만 아이러니하게도 많은 사람들이 이렇게 살아가지 못한다. 우리가 가장 해내지 못하는 것인 것 같다.

"무엇을 하고 있니?
잘못된 것 같니? 잘하고 있지 않은 것 같니?
그래도 너는 무언가를 하고 있잖아.
그게 바로 열정이야."

두드림의 기적 만들기

- ✓ '나의 길'을 의심 말라, '성공의 길'이다.
- ✓ 결과를 먼저 생각하라, 그러면 이뤄진다.
- ✓ 된다고 믿어라, 그러면 진짜 이뤄진다.
- ✓ 방법을 고민하라, 그러면 해법이 등장한다.
- ✓ 원하는 것을 갈구하라, 그러면 얻게 된다.
- ✓ 하고 싶은 일을 해봐라, 그러면 결과가 생긴다.
- ✓ 잘될 것이라고 말하라, 그러면 잘된다.
- ✓ 불가능이 없다고 믿어라, 그러면 기적이 일어난다.
- ✓ 상상하라, 그러면 현실이 된다.
- ✓ 웃고 기뻐하라, 그러면 기분이 좋아진다.
- ✓ 기도하라, 그러면 기도가 이뤄진다.
- ✓ 배려하라, 그러면 더 큰 기쁨이 찾아온다.
- ✓ 남을 사랑하라, 그러면 나도 사랑받게 된다.
- ✓ 남을 용서하라, 그러면 나도 용서받게 된다.
- ✓ 이웃을 도와라, 그러면 내게 더 큰 도움이 온다.
- ✓ 행복하다고 생각하라, 그러면 행복해진다.
- ✓ 좋은 것을 두드려라, 그러면 좋은 게 온다.

운명을 바꾸는 두드림의 기적들

우리는 흔히 사람마다 타고난 운명이 있을지도 모른다고 생각한다. 잘 안되면 팔자를 탓하고 심지어 조상을 탓하기도 한다. 잘 안 풀리면 부모를 탓하는 사람도 있고 친구나 주변사람 탓을 하는 사람도 있다.

하지만 이 책을 읽는 사람은 오늘부터 남 탓을 하지 말자. 운명이 정해져 있다고 믿지 말자. 두드림만 갖고 있으면 운명을 바꿀 수 있다. 모든 일은 자신에게서 비롯된다. 좋은 꿈을 두드리면 좋은 꿈이 이뤄지고 큰 꿈을 두드리면 큰 꿈이 이뤄진다.

MBN 기자들이 지난 6년간 성공한 사람들의 성공 비밀을 분석한 결과 한결같이 두드림의 기적을 갖고 있었다. '나의 길'이 꿈꾸는 것을 이뤄줄 것이라는 사실을 전혀 의심하지 않았다. 나의 길에서 기쁨을 찾았고 행복을 찾았다. 다른 길로 잘못 들어서서 궤도를 이탈했을 때도 반드시 나의 길로 돌아오는 현명한 지혜를 발휘했다. 특히 나의 길이 힘들더라도 도전 정신과 할 수 있다는 캔두 정신, 즉 두드림 정신으로 똘똘 뭉쳐 있었다. 자신의 환경을 탓하지도 않았다. 아무리 열악한 환경이라도 자신의 운명을 바꿀 기회로 바꿔내는 놀라운 적응 능력을 보였다.

그리고 두드림의 성공 신화를 작동시켰다. 꿈꾸고 도전하는 일을 멈추지 않았다. 실패를 해도 꿈을 두드렸고, 좌절이 오더라도 자신을 두드려 다시 일으켜 세웠다. 꿈을 향해 갈망의 두드림을 시작했고, 갈망에 다가가는 방법을 찾아 생각의 두드림을 멈추지 않았다. 철저한 실행의 두드림으로 갈망을 현실로 바꿔놓았다. 스스로의 운명을 바꿨다.

원하는 것을 꿈꾸고 끝까지 꿈을 두드린 사람은 누구나 크든, 작든 원하는 것을 쟁취해냈다. 이것이 바로 두드림의 기적이다. 지금 두드리는 게 없다면 빨리 두드림을 찾아 지금 당장 두드림하라.

전설적인 밴드 비틀즈는 기타와 노래에 미친 영국 10대 청년 4명이 만들어낸 '가수의 전설'이다. 가난한 가정에서 자란 이들은 노래 하나로 만나 스타의 꿈을 이뤄냈다. 네 명의 청년은 1959년 세계적인 기타밴드를 꿈꾸며 팀을 결성했다. 하지만 레코드사들은 그들의 노래를 쉽게 받아주지 않았다. 오디션에 연이어 떨어졌다. 무명 시기는 4~5년간 이어져 말 그대로 밑바닥 생활이 이어졌다. 그래도 그들은 노래가 그들이 가야 할 길이라는 사실을 한 번도 의심하지 않았다.

"손이 아프도록 기타를 쳤고
목이 터져라 노래했죠."

기타리스트 존 레논은 답답한 상황에서 유일한 해법은 가혹한 자기단련 훈련밖에 없었다고 말한다. 먹고살기 위해 독일 함부르크 클럽에서 하루에 2펜스를 받고 8시간을 연주해야 했다. 숙소를 잡지 못했을 때는 무대 뒤 깡패와 창녀가 우글거리는 허름한 곳에서 잠을 잤다. 너무 힘들어서 집에오면 차라리 매니저 브라이언 앱스타인이 칼을 들고 죽을 때까지 찔러주기를 바랄 정도였다.

꿈을 펼치기 위해 데카Decca 음반사에서 오디션을 봤다. 결과는 탈락이었다. 음반사는 비틀즈 매니저 브라이언 엡스타인에게 조언했다.

"기타 그룹은 한물갔다.
성공하지 못할 것이다."

음반사의 이 말은 가수의 길을 결정한 비틀즈에게 큰 보약이 됐다. 비틀즈가 죽기 살기로 하면 잘될 것이라는 열정으로 똘똘 뭉치도록 만들었기 때문이다. 그들은 두드리고 또 두드렸다. 고된 노래연습을 통해 당시 서구권에서 유행하는 음악을 모조리 섭렵했다. 모르는 게 없었다. 탄탄한 실력으로 무장돼 있었다.

1964년 2월 7일 영국의 더벅머리 네 남자는 미국을 공략했다. 미국 상륙과 더불어 발표한 곡 〈I Want to Hold Your Hand〉는 전미 차트 7주간 정상을 차지하며 세계의 음악 역사를 송두리째 바꿔놓았다. 무명가수가 두드렸던 두드림은 한순간에 네 명을 세계적인 스타로 운명을 바꿔주었다.

무명화가 고흐, 세계적 화가로 운명을 바꾸다

우리가 잘 아는 인상파 화가 빈센트 반 고흐는 현재 세계적인 화가로 알려져 있다. 네덜란드 출신으로 프랑스에서 활동했다. 하지만 그가 살아있을 때는 아무도 그의 그림에 관심을 보이지 않았다. 생계유지를 위해 그림을 그려 근근이 먹고살 정도였다. 그는 말 그대로 '무명화가의 길'을 평생 걸었다.

그러나 고흐에게는 세계적인 화가가 되겠다는 두드림이 있었다. 남이 알아주는 화가가 되기 위한 그의 길은 쉬운 길이 아니었다. 먹고 살기가 막막해 서점 점원과 미술품 판매원으로 전전했다. 화가의 꿈을 두드리던 고흐는 20대 후반이 돼서야 전업 화가의 길에 들어섰다. 이후 37세의 나이로 자살하기까지 10년간 약 900점의 작품을 쏟아냈다. 그럼에도 작품을 알아주는 사람은 없었고 팔린 작품은 딱 한 개에 불과했다. 그렇지만 고흐는 모네, 고갱과 같은 화가가 될 꿈을 포기하지 않고 작품에 예술성을 불어넣었다.

안타깝게도 함께 작품 활동을 하며 지내던 친구 고갱과 크게

다툰 후, 고갱이 고흐의 곁을 떠났다. 고흐는 정신병이 발작해 자신의 귓불을 자르고 얼마 안 있어 스스로 권총으로 목숨까지 끊었다. 그의 작품 가치가 인정받은 것은 사후였다. 작품 한 점당 몇백, 몇 천만 달러를 호가할 정도로 명작이 됐다. 〈해바라기〉, 〈아를르의 침실〉, 〈의사 가셰의 초상〉은 전설적인 걸작으로 평가받는다.

부富도 우정도 누리지 못한 불운했던 예술가였지만, 예술의 심오함에 빠졌던 순수한 두드림은 사후 그를 역사상 최고의 화가로 만들어줬다.

무명감독 스필버그, 거장감독으로 운명을 바꾸다

스티븐 스필버그는 〈죠스〉, 〈E.T.〉, 〈쥬라기 공원〉 등 수많은 대작을 남긴 가장 성공한 영화감독 중 한 명이다. 하지만 영화감독 거장의 자리에 올라서기까지는 숱한 좌절과 역경의 연속이었다. 이러한 난관을 극복하도록 해준 원동력은 다름 아닌 두드림이었다.

스필버그의 영화감독을 향한 두드림은 초등학생 시절부터 시작됐다. 유난히 상상력이 풍부하고 호기심이 많았지만, 책을 읽지 못하는 난독증 때문에 친구들 사이에서 왕따를 당했다. 게다가 공부도 못해 지진아 학급에 편성됐다. 급기야 고등학교 2학년 때는 학교까지 그만두고 말았다. 이 같은 스필버그를 바로잡아준 것은 영화감독의 꿈이었다.

'영화감독의 길'을 찾고서야 인생이 달라졌다. 남들이 책을 보거나 운동을 할 때 8mm 카메라의 앵글을 통해 세상을 바라봤다. 13살 때는 첫 단편영화 〈더 라스트 건The Last Gun〉을 찍었고, 16살 때는 첫 번째 SF 영화 〈불빛Firelight〉을 제작했다. 그럼에도 대학에 입학할 때 또 좌절해야 했다. 미국 서던캘리포니아대학교USC의 연극영화과는 그의 입학을 거절했기 때문이다.

> "영화를 통해,
> 상상력을 통해
> 나는 무엇이든 할 수 있다.
> 이것이 나의 행복이다."

스필버그의 꿈을 향한 실행의 두드림은 끝이 없었다. 유니버설 스튜디오의 빈 사무실에 자신의 이름을 내걸고 직원인 것처럼 일했다. 유니버설 스튜디오와 정식 감독 계약을 맺어 첫 텔레비전 시리즈물 〈나이트 갤러리〉를 내놓았지만, 가혹한 혹평만 쏟아졌다.

그러나 그는 포기하지 않고 다시 꿈을 두드렸다. 영화 〈E.T.〉를 만들어 어린이의 호기심을 자극했다. 〈쉰들러 리스트〉, 〈쥬라기 공원〉으로 천재성을 입증하며 흥행 돌풍을 일으켰다. 두드림은 어느새 그를 영화계의 거장으로 만들어놓았다.

시각장애인 스티비 원더, 가수의 전설로 운명을 바꾸다

음악계의 전설이 된 스티비 원더는 1950년 미숙아로 태어나 망막이 손상되어 시력을 상실한 흑인 가수다. 만일 누군가 시력을 빼앗는 대신 다른 재능을 준다고 가정한다면, 여러분은 그 재능을 택하겠는가. 그렇지 않을 것이다. 스티비 원더는 안타깝게도 세상을 볼 수 없는 눈을 갖고 태어났다. 사람들은 주전자 손잡이나 만들면서 살아갈 운명을 갖고 태어났다고 했다.

다른 아이들이 주변의 사물을 눈으로 인지하며 성장할 때 스티비는 이를 경험할 기회조차 갖지 못했다. 이 때문에 소리를 들으며 가수가 되겠다는 원대한 두드림을 시작했다. 다행스럽게 뛰어난 청각과 음악적 재능을 키워낼 수 있었다. 노래에 빠져 '가수의 길'을 꿈꾸게 됐다. 놀라운 집중력으로 소리를 듣고 보이지 않는 악보를 머릿속으로 상상했고 노래를 완성해냈다.

피나는 노력 끝에 재능을 인정받아 스티비는 12살에 가수로 데뷔했다. 그리고 세상을 놀라게 했다. 1963년 13살의 나이에 빌보드 차트 1위에 올랐다. 이후 9개의 빌보드 차트 1위곡을 발표하며 총 1억 장이 넘는 음반 판매고를 올렸다. 수많은 명곡을 남기며 스스로의 운명을 시각장애인에서 음악계의 전설로 바꿔놓았다. 그 힘은 두드림에서 나왔다. 두드림으로 장애를 극복하는 뛰어난 능력을 스스로 배양해냈다.

"우리는 저마다 능력을 갖고 있다.
유일한 차이는
어떠한 사람은 그 능력을 사용하고
어떤 사람은 그 능력을 사용하지 않는다는 것이다."

봉제공 샤넬, 명품 CEO로 운명을 바꾸다

세계적인 명품 브랜드 샤넬의 창업자 가브리엘 샤넬은 프랑스의 가난한 집에서 태어났다. 그것도 어린 시절 부모님으로부터 버림받았다. 지낼 곳이 없어 수녀원에서 생활했다. 이곳에서 샤넬이 7년간 바느질을 배우며 옷을 만드는 사람이 되겠다는 꿈을 키웠다. 이 두드림으로 샤넬은 수녀원에서 나와 봉제 회사에 취업을 했다. 독립하기 위해 밤에는 카페에서 가수로 일했다. '코코CoCo'라는 애칭도 얻게 됐다.

돈이 모이자 후원자인 아서 에드워드 카펠의 도움으로 파리의 패션 거리에 샤넬 모드Chanel Modes라는 모자 가게를 열 수 있었다. 세계적인 명품 회사가 된 샤넬의 시작은 이처럼 미약했다. 다행히 샤넬이 디자인한 모자가 상류층 여성들로부터 인기를 얻자 3년 뒤 부티크Boutique로 가게를 확장했다. 부티크의 간판에는 자신의 이름, '가브리엘 샤넬GABRIELLE CHANEL'을 대문자로 달았다.

제1차 세계대전이 일어나면서 실용성과 단순한 디자인을 앞세운 샤넬의 여성옷들이 인기를 끌면서 샤넬은 파리 패션의 중심지로 회사를 옮겼다. 엉덩이 부분 옆선에 주름을 넣어 만든 샤넬 라인 원피스를 비롯해 큰 호주머니를 단 짧은 소매 재킷, 길고 따뜻한 머플러 등이 1920년대 자유로운 복장을 원했던 여성들에게 큰 인기를 끌면서 패션 제품으로 자리 잡았다.

이어 샤넬 향수 사업을 시작했다. 사업이 번창하자 자신의 이름, 샤넬을 단순한 글자체로 디자인해 로고를 만들었다. 그리고 두드림으로 세계적인 기업을 만들었다.

"나는 내 삶을 창조했다.
이전의 삶이 싫었기 때문에…."

샤넬이 세계적인 기업을 만들어낸 것은 자신의 운명을 바꾸겠다는 강렬한 두드림이 있었기 때문이다.

대학 포기 허영만, 만화계 거두로 운명을 바꾸다

만화가 허영만은 어린 시절 불우한 시간을 보냈다. 아버지가 친구와 동업으로 차린 멸치 어장 사업이 파산했기 때문이다. 가세가 기울어 대학에 갈 수조차 없었다. 허영만은 대학교에서 미술을 전공해 서양화가가 되겠다는 꿈을 스스로 포기했다. 그리고 돈을 많이 벌 수 있는 방법을 두드렸다. 재능을 살리면서 돈을 벌 수 있는 방법을 찾던 중 자신의 재능을 생각해냈다.

서양화가를 대신할 수 있는 꿈의 실현을 '만화가의 길'에서 찾기로 했다. 여수고등학교를 졸업하자마자 노잣돈 단 3만 원만 들고 고향을 떠났다. 여수에서 서울까지 비둘기호 야간열차로 9시간 걸려 이불 한 채를 메고 서울역에 내렸다. 바로 만화가 박평일의 문하생으로 들어갔다.

실력을 쌓은 허영만은 1974년 〈한국일보〉 신인만화공모전에 응모했다. 〈집을 찾아서〉가 당선되며 만화가로 데뷔할 수 있었다. 〈각시탈〉, 〈무당거미〉, 〈날아라 슈퍼보드〉, 〈비트〉, 〈타짜〉, 〈식객〉 등 수많은 히트작을 쏟아내며 한국인이 가장 좋아하는 만화가로 자신의 운명을 바꿨다.

지금까지 낸 작품은 215종으로, 만화 원화만 15만 장이 넘는다. 30여 개의 작품은 영화나 드라마, 게임 등의 콘텐츠로 재탄생했다. 작품을 소재로 한 식당가(식객촌)까지 생겼다.

재일교포 손정의, 일본 1등 부자로 운명을 바꾸다

일본 최대 IT회사, 소프트뱅크SoftBank 창업자 손정의는 재일교포 3세다. 일본의 빌 게이츠, 일본 최대 재벌로 불린다.

그는 1957년 일본 규슈의 무허가 판자촌에서 태어났다. 할아버지가 한국에서 끌려온 탄광노동자였다. 생활이 어려워 돼지를 키우고 아버지는 생선 장사를 해야 했다. 게다가 '조센징'이라며 친구들이 놀리기 일쑤였다. 한번은 일본 친구가 던진 돌에 맞아 큰 상처를 입기도 했다.

손정의는 이런 생활이 싫었다. 동네에 맥도날드가 생기는 것을 보고 사장을 직접 찾아가 어떻게 하면 나중에 부자가 될 수 있냐고 물었다. 맥도날드 사장은 IT를 공부하라고 조언해줬다. 그날로 손정의는 최고 부자의 꿈을 두드렸다.

당시 고등학교 1학년이던 손정의는 자퇴를 하고 미국으로 유학을 떠났다. '부자의 길'을 찾아 나선 것이다. 미국에서 손정의는 컴퓨터를 공부하며 부자 사업가가 되는 꿈을 키웠다. 대학을 졸업한 손정의는 일본에 귀국해 '두드림'을 실행에 옮겼다. 컴퓨터 소프트웨어를 유통하는 회사 소프트뱅크를 창업했다.

이 회사는 일본 1등 회사가 됐다. 손정의는 일본 최고의 부자 반열에 올랐다. 두드림이 가져다준 위대한 결과였다. 판잣집 흙수저의 초라하고 평범했던 자신의 운명을 누구나 우러러보는 '자수성가의 상징'으로 만들었다.

운명을 바꾸는 두드림의 기적 따라 하기

- ✓ 현실을 불평 말라, 극복해라.
- ✓ 두드림은 나의 운명을 바꿀 수 있다고 믿어라.
- ✓ 시련을 탓하지 말라, 시련을 즐겨라.
- ✓ 나만 불행하다고 생각하지 말라, 누구나 아픔이 있다.
- ✓ 왜 가난하냐고 탓하지 말라, 부자가 되면 된다.
- ✓ 왜 이렇게 태어났냐고 하지 말라, 운명을 바꿔라.
- ✓ 나태하지 말라, 남을 이기려면 바쁘게 살라.
- ✓ 짜증내지 말라, 항상 웃고 기뻐하라.
- ✓ 절대 부모를 탓하지 말라, 가장 소중한 존재다.
- ✓ 불행을 절대 슬퍼하지 말라, 기쁨이 될 수 있다.
- ✓ 나를 먼저 생각하지 말라, 먼저 배려하라.
- ✓ 남을 미워하지 말라, 먼저 사랑하고 인사하라.
- ✓ 용서받길 기다리지 말라, 먼저 용서하라.
- ✓ 이웃의 아픔을 외면 말라, 기부하고 먼저 도와라.
- ✓ 나쁜 생각을 하지 말라, 좋은 생각할 시간도 없다.
- ✓ 거짓말을 하지 말라, 참된 말로 친구를 만들어라.

영웅들의
성공 비밀노트

영웅을 만든 두드림

성공한 사람들의 비밀

MBN 기자들이 6년간 추적 끝에 찾아낸 성공한 사람들의 성공비밀 두드림. 크고 작은 성공을 거둔 모든 사람들은 자기 자신이 꿈꾸는 두드림을 갖고 있었다. 두드림은 '나의 길'을 만들어줬고 그 길을 따라 걸어간 사람은 누구나 크고 작은 성공을 경험했다. 영웅들은 두드림을 자신의 것으로 만들기 위해 착실하게 미래를 설계하고 한 발짝 한 발짝 성공을 향한 발걸음을 재촉했다.

영웅들은 갈망의 두드림을 통해 가슴 뛰는 꿈, 나의 길을 찾아냈다. 생각의 두드림을 통해 꿈을 성취하는 방법들을 고민하고 찾아냈다. 실행의 두드림을 통해 가장 쉽게 할 수 있는 것부터, 작은 것부터 차근차근 실행에 옮겼다. 주저하지도 않았다. 어떨 때는 서둘렀고 어떨 때는 게으름도 피웠지만, 절대 포기하지 않았다.

목표를 정하면 '갈망→생각→실행'의 3단계 두드림 실천법에 따라 행동했다. 꿈을 이뤘을 때를 상상하며 자신의 삶을 변화시켰고 운명을 바꿨다. 나아가 세상을 변화시켰고 다른 사람의 희망이 되었다. 특히 성공한 사람들은 변화를 자기 발전과 성장의 기회로 활용했다.

대한민국 대표 청년포럼 'MBN Y 포럼'은 이와 같은 방법으로 두드림을 실천한 '2030 우리의 영웅들'을 뽑았다. 15만여 명의 추천을 통해 9명의 영웅을 선정했다.

미국 역대 대통령들의 대표 통역사 이연향, 한국인 첫 인터폴 ICPO(국제형사경찰기구) 수장 김종양 총재가 글로벌 영웅에 올랐다. 바이오 벤처 신화를 창조한 서정진 셀트리온 창업자와 새벽배송 시장을 열어 물류 혁명을 일으킨 김슬아 마켓컬리 창업자가 경제 영웅에 선정됐다.

문화 예술 영웅에는 〈아이씨ICY〉, 〈달라달라〉로 K-Pop 스타가 된 5인조 신인 걸그룹 ITZY(있지)와 영원한 클래식 전도사, 지휘자

금난새가 선정됐다. 스포츠 영웅에는 '코리안 좀비' 이종격투기 선수 정찬성, 마라톤 영웅 이봉주, 스피드스케이팅 '빙속 여제' 이상화가 영웅으로 뽑혔다.

'우리의 영웅들'은 어떤 두드림으로 성공 신화를 만들었을까?

글로벌 영웅 이연향

미국 대통령 대표 통역 한국인

김정은 북한 국무위원장과 도널드 트럼프 미국 대통령이 만나 세기의 담판을 벌였던 북미정상회담 통역을 맡은 사람은 다름 아닌 한국인 이연향 미 국무부 소속 통역국장이다.

이연향은 노래에 재능이 많아 서울예고에 들어갔고 노래 실력으로 연세대학교 성악과에 입학해 성악을 전공했다. 그러니까 성악가를 꿈꾼 꿈 많은 소녀였다. 원래 꿈꿨던 길은 가수의 길이었다. 그런데 어떻게 이연향은 미국 백악관에서 통역을 총괄하게 됐을까?

사진 제공: 이연향 미 국무부 통역국장

이연향의 길을 바꾼 것은 두드림이었다. 통번역대학원 입시를 준비하는 친구를 보며 '나도 글로벌 무대를 누비는 통역사가 되면 좋겠다'는 꿈을 꾸게 됐다. 꿈이 있으면 지금 시작하라는 말을 따라 이연향은 내친김에 친구를 따라 한국외국어대 통번역대학원 시험을 쳤다. 두드리면 열리는 법. '통역사의 길'이 열렸다. 운명이 '성악가의 길'에서 '통역사의 길'로 바뀌게 됐다.

"운명을 바꾸게 하는

인생의 어떤 계기가 있는 것 같다.

이 계기를 잘 받아들이면

누구나 성공적인 꿈을 성취할 수 있다."

졸업 후 전문 통역사로 활동을 하던 이연향은 더 큰 꿈을 꾸었다. 1996년 미국 캘리포니아 몬트레이 통번역대학원에 한영과가 창설되자 이곳에 지망했다. 이 일이 이연향의 운명을 바꾸는 또 다른 기회를 제공했다. 미국 국무부의 한국어 외교 통역관이 된 것이다.

이후 이연향은 탄탄대로의 길을 걷게 됐다. 미국 국무부 통역국장이 되어 주요 정상회담 통역의 책임을 맡게 됐다. 아시아계로 이 자리에 오른 이는 이연향 국장이 처음이다. 통역국은 45개 언어를 관리하며 외부 통역사만 1,500여 명이다.

이 국장은 2008년 이명박 전 대통령과 조지 부시 전 대통령의 캠프, 데이비드 정상회담부터 2013년 박근혜 전 대통령과 버락 오바마 전 미국 대통령의 백악관 정상회담, 2018년 도널드 트럼프 대통령과 문재인 대통령의 정상회담 역시 그녀의 통역을 통해 회담이 진행됐다.

국무부에선 '닥터 리'로도 불린다. 오바마 전 미국 대통령, 힐러리 클린턴 미 국무장관, 부시 전 미국 대통령, 스티븐 보즈워스 미 국무부 대북정책 특별대표, 스티븐 스필버그, 빌 게이츠 등 세계적 영향력을 지닌 인사들의 통역을 도맡아 했다. 2010년 밴쿠버 동계 올림픽과 2008년 베이징 올림픽 때도 한국어 공식 통역사로 활동했다.

이연향 통역사가 다시 눈길을 끈 것은 김정은 북한 국무위원장과 세기의 담판에 나선 도널드 트럼프 미국 대통령의 통역을 맡으면서다. 김 위원장과 트럼프 대통령 회담 장면이 국내외 언론에 보도되면서 각종 포털 사이트 실시간 검색순위 상위권에는 '이연향'이 김 위원장의 김주성 통역관과 함께 올라왔다.

이연향 통역사는 통역사에게 가장 중요한 게 무엇이냐고 묻자, 다음과 같이 말했다.

"통역사의 기본은 보안입니다.
현장에서 오간 대화는
현장을 벗어나면 잊습니다."

재능을 찾아내는 두드림

미국 대통령 통역사 이연향은 본인이 어학에 뛰어난 재능이 있는 줄 몰랐다. 노래가 좋아 성악의 길을 가고 싶었다. 그렇지만 대학원에서 통번역을 공부하며 자신에게 어학에 끼가 있다는 사실을 발견하고 통역가의 길을 두드렸다. 되돌아보니 어학의 재능이 숨어 있었다.

아버지 일로 이란에서 국제 중학교를 다녀, 영어에 두려움이 없었다. 대학생 시절에는 국내 영자지 기자로 활동하며 영어 기사를 쓰는 데도 자신이 있었다. 결혼 후에는 남편 유학을 따라가 2년간 미국에서 살면서 미국 생활에도 익숙해져 있었다.

이연향은 이처럼 숨어 있던 어학에 대한 자신의 재능을 두 아이를 낳고 키우며 살던 중 우연히 알게 됐다. 그때 그녀의 나이 33세였다. 게다가 친구가 통번역대학원에 도전해볼 것을 강력하게 권유했다. 뒤늦게 자신이 가야 할 길이 성악가의 길이 아니라 통역사의 길이라는 사실을 깨닫게 된 것이다. 그리고 미련 없이 가야 할 길을 바꿨다.

"그래, 한번 해보는 거야.
가정주부의 운명을
전문 통역사로 바꿔보자."

대학원을 마치고 전문 통역사가 된 이연향은 다국적 회사에 다니는 남편을 두고 혼자 아이 둘을 데리고 미국으로 건너갔다. 큰 두드림을 찾아 나선 것이다. 그리고 그녀는 미국 대통령들의 입과 귀가 되는 대표 통역사로 운명을 바꿨다. 재능을 찾아내고 그 재능으로 펼칠 나의 길을 찾아내면 희망찬 운명이 펼쳐지게 된다.

이연향 영웅의 두드림

노래가 좋아 '성악가의 길'을 두드렸다. 하지만 33세 두 아이의 엄마가 됐을 때 어학에 대한 자신의 재능을 알게 됐다. '통역가의 길'로 운명을 바꾼 그녀는 아시아계 최초로 미국 국무부 통역국장이자 미국 대통령의 대표 통역사가 됐다.

글로벌 영웅 김종양

한국인 최초 인터폴 총재

한국인 최초 인터폴 총재

인터폴ICPO은 국제형사경찰기구다. 전 세계 경찰이 국제범죄를 막고 국외로 도주한 범인들을 잡기 위한 공조를 위해 설립됐다. 194개국 경찰이 회원으로 가입했고 본부는 프랑스 리옹에 있다. 100여 개국에서 경찰 인력 950명이 파견돼 근무 중이다.

이 국제기구를 이끄는 사람이 바로 한국인 김종양이다. 모든 업무는 집행위원회에서 결정하는데, 총재 1명, 부총재 3명, 집행위원 9명, 총 13명의 위원으로 구성돼 있다.

김종양 총재는 2012년 11월 치러진 인터폴 집행위원 선거에서

집행위원에 선출된 데 이어 2015년 11월 치러진 인터폴 집행위원 선거에서 아시아 부총재로 선출됐다. 2018년 11월에는 한국인으로서는 처음으로 인터폴 총재로 당선됐다.

그는 어떻게 이런 자리까지 오를 수 있었을까?

'외사 경찰의 길'에 매진했기 때문이다. 경찰이 된 이후 미국 로스앤젤레스 주재관, 경찰청 핵안보기획단장, 경찰청 외사국장 등을 거치면서 경찰 내 대표적 외사 경찰의 길을 걸었다. 외사 경찰이란 외국인, 해외교포, 외국관련 기관이나 단체 등과 관련된 사건을 수사하고 예방, 단속 활동을 하는 경찰로 언어 능력이 중요한 능력으로 요구되고 있다. 언어 경쟁력이 있어야 하기 때문에 경쟁률이 치열하다.

한국 사람으로서 인터폴 총재에 선출되기란 쉬운 일이 아니었다. 총재 선거에서 김 총재는 러시아의 알렉산더 프로코프추크 부총재와 맞붙었다. 프로코프추크 부총재는 러시아 국세청 등 정부 기관 경력이 많은 인물이다. 블라디미르 푸틴 러시아 대통령의 측근으로 알려져 있었다.

해외언론들은 프로코프추크 부총재의 당선을 기정사실로 보도했다. 심지어 〈더 타임스〉는 "영국 정부는 회원국들의 지지를 확보한 프로코프추크가 당선될 것으로 이미 결론을 내렸다"고 보도했다.

하지만 총회 직전 미국 등 반러시아 성향의 회원국들이 똘똘 뭉쳐 김 총재를 지지해주면서 대역전 드라마를 펼쳤다. 김총재가 2012년부터 인터폴 집행위원이 되어 오랜 기간 회원국들과 교류하고 대한민국 정부가 전폭적으로 지원해준 결과였다.

꿈을 이루는 것은 길을 개척하는 사람의 몫이다. 뜻을 갖고 나의 길을 열기 위해서는 그 길 위에서 끊임없이 성공의 문을 두드려야 한다. 그러면 그 문은 열리게 돼 있다.

꿈을 이뤄주는 두드림

김종양의 원래 꿈은 정부 부처 공무원이 되는 것이었다. 대학 재학 중 공무원의 길을 찾아 행정고시에 도전했다. 1985년 행정고시에 합격해 꿈에 그리던 공무원의 길에 들어섰다. 첫 업무는 국토교통부 사무관의 일이었다.

그러던 그가 7년 만에 경찰의 길로 길을 갈아탔다. 고시 출신 중 경찰 희망자를 특별채용한다는 공고를 보고 어린 시절 꿈이었던 경찰로 길을 바꾼 것이다.

경찰이 된 김종양은 승승장구의 대로를 달리게 됐다. 자신이 가고 싶은 길이었기 때문에 더 큰 역량을 펼칠 수 있었다. 경찰 입문 이후 서울 성북경찰서장, 서울지방경찰청 보안부장, 경찰청 기획조정관, 경남지방경찰청장 등의 요직을 두루 거쳤다. 2015년 경기지방경찰청장(치안정감)을 끝으로 명예로운 경찰 생활을 마감했다.

그리고 경찰관으로 할 수 있는 최고의 자리 '인터폴 총재'에 도

전했다. 그리고 자신의 두드림대로 한국인 최초로 인터폴 총재가
됐다.

"경찰 최고 국제기구 수장의 꿈을
끊임없이 꾸었기 때문에
그 꿈을 이룰 수 있었습니다."

김종양이 인터폴 총재가 된 것은 큰 꿈이 있었기 때문이다.
2012년 경남경찰청장 시절 아시아에 3명뿐인 인터폴 집행위원에
도전했다. 이 도전으로 '인터폴 수장의 길'에 들어섰다. 한국 경찰
간부가 인터폴 집행위원에 당선된 것은 2000년 김중겸 전 충남청
장, 2006년 박기륜 전 충북청장에 이어 세 번째였다.

집행위원이 된 김종양은 더 큰 꿈을 키워 인터폴 집행위원회 부
총재직에 도전했다. 그리고 그 자리를 거머쥐었다. 김 총재는 인터
폴 가입 190개국 가운데 총회에 참석한 146개국 중 133개국이 참
여한 투표에서 압도적으로 91표를 얻으며 부총재에 당선됐다.

행운은 노력하는 사람에게 따라오는 법. 중국인 인터폴 총재였
던 멍홍웨이孟宏偉가 갑자기 부패 연루 혐의로 사임하면서 수석부

총재가 되어 직무 대행을 하게 됐다. 이후 진행된 인터폴 총재 선거에 출마해 꿈꾸던 인터폴 수장의 자리에 올랐다. 꿈은 두드리는 사람의 것이 된다는 사실을 직접 증명해보인 것이다.

김종양 영웅의 두드림

'공무원의 길'을 꿈꾸며 행정고시에 도전해 꿈에 그리던 공무원이 됐다. 하지만 7년간의 공무원 생활을 하던 중 어린 시절 동경했던 '경찰관의 길'로 운명을 바꿨다. 그리고 경찰 최고 국제기구 수장의 꿈을 두드려, 한국인 최초 인터폴 총재가 됐다.

경제 영웅 서정진

한국 바이오 신화 창조자

한국 바이오 신화 창조자

대한민국 '바이오 신화'를 창조한 경영의 달인 셀트리온 창업자, 서정진은 보잘 것 없던 작은 바이오 벤처회사를 세계적인 기업으로 성장시킨 바이오 신화로 불린다.

충북 청주 출신인 서정진은 원래 바이오 분야는 문외한이었다. 전공도 산업공학이기 때문에 전혀 관계가 없는 분야였다. 그는 대학 졸업 후 남들처럼 평범한 길을 따라갔다. 1983년 삼성전기에 입사했다. 별다른 흥미를 느끼지 못한 서정진은 한국생산성본부로 이직해 기업 컨설팅 업무를 배웠다. 이곳에서 당시 승승장구하던

대우자동차의 컨설팅 업무를 맡게 됐고 김우중 대우그룹 창업자에게 스카우트 되어 1992년 대우자동차로 자리를 옮겼다. 이곳에서 34세에 최연소 임원을 지낼 정도로 실력을 인정받았다.

하지만, 1997년 몰아닥친 외환위기IMF가 그의 운명을 바꿔놓았다. 회사가 위기에 몰리면서 1998년 일자리를 잃었다. 이때 서정진은 '나의 길'을 찾았다.

"내가 잘할 수 있는 일,

미래 비전이 있는 일이 무엇인지
죽도록 고민했습니다."

이 같은 생각의 두드림 끝에 서정진은 '미래사업은 바이오'라는
결론을 냈다. 사업 구상을 위해 생각의 두드림에 빠져 있을 때 미
국의 한 호텔에서 '바이오시밀러'라고 하는 바이오의약품 복제약
산업의 미래가 밝다는 이야기를 듣고 확신을 갖게 됐다. 바이오시
밀러는 특허가 만료된 오리지널 바이오 의약품을 동등한 품질로
만든 복제 의약품으로 개발기간이 오리지널에 비해 절반 이상 짧
고 30% 이상 저렴하지만 효능은 동일한 제품을 말한다.

서정진은 당시 대우자동차에 함께 근무했던 임직원 10여명과
2000년 셀트리온을 창업했다. 당시 바이오 사업 불모지였던 한국
에서는 첫 바이오시밀러 사업이었다. 수백 권의 의학 관련 서적을
탐독하면서 새로운 분야를 개척하기 위해 노력했다. 그렇지만 주변
의 시선은 싸늘했다. 사기꾼, 봉이 김선달이라는 비아냥이 쏟아졌
다. 매출도 없이 3년간은 투자만 해야 했다. 자살까지 생각할 정도
로 힘든 시기였다.

하지만 서정진은 묵묵히 나의 길을 걸어갔다. 대형 제약사에서

판매하는 바이오의약품을 위탁생산하는 일부터 시작했다. 이를 토대로 제대로 된 바이오시밀러 사업에 대한 꿈을 두드렸다. 이 결과 2012년 세계 최초로 바이오시밀러 램시마를 개발하는데 성공했다. '렙시마'는 관절염 치료제로 잘 알려진 '레미케이드' 특허 만료에 맞춰 개발한 국내 최초 항체 바이오시밀러이다. 대히트를 쳤다. 연이어 혈액암 치료제인 '리툭산'의 바이오시밀러 '트룩시마', 유방암 치료제인 '허셉틴'의 바이오시밀러 '허쥬마'도 개발하며 바이오시밀러 시장에서 돌풍을 일으켰다.

서정진은 창업 멤버와 지금까지 함께 일하고 있다. 인사이동이 심하기로 유명한 제약 업계지만, 셀트리온 직원들은 이동이 거의 없다. "임직원이 행복해야 좋은 제품이 나온다"는 서정진의 경영 철학 덕분이다. 또한 연구원이 1,500명에 달할 정도로 연구개발에 집중했다. 전체 직원의 70%를 경력이 없는 신입사원으로 채용해 교육시킨다는 점도 특이하다. 경력직을 주로 채용하는 업계와 완전히 다른 방식이다. 채용할 때도 창의성과 도전 정신만 따진다. 또 매년 8~9명에게는 석박사 학위 취득을 지원한다. 이 같은 철학은 셀트리온을 가장 짧은 기간에 세계적인 기업으로 만들어줬다.

흙수저를 금수저로 바꿔주는 두드림

서정진은 국내 거부들 중 보기 드문 '흙수저' 출신이다. 학교에 다닐 등록금이 없어 밤에는 택시 운전을 하고 낮에는 학교에 다녀야 할 정도로 가정형편이 좋지 않았다. 아버지는 작은 연탄가게를 운영할 정도로 가난했다. 사업을 하다 돈이 없어 명동 사채 시장에서 신체포기각서를 쓰고 돈을 빌린 사실은 유명한 일화가 됐다. 심지어 살기 힘들어 자살을 시도한 적도 있다.

그런 서정진이 지금은 국내 최고기업 삼성전자 이건희 회장 다음으로 돈이 많은 부자가 됐다. 두드림은 이처럼 흙수저를 금수저로 바꿔주는 위력을 발휘한다. 경제전문지 〈포브스〉에 따르면 서정진의 재산은 11조 원이 넘는다. 대기업의 재벌총수를 모두 제치고 개인 재산 국내 2위, 세계 181위에 등록됐다.

회사는 시장가치 65조 원이 넘는 글로벌 바이오 기업이 됐다. 서정진은 근래 찾아보기 힘든 자수성가형 최고 부자가 됐다. 외환위기로 회사가 망했고 백수 실업자가 되어 회사를 창업한 지 20년 만에 만들어낸 놀라운 성공 신화다.

"이곳저곳 쳐다보지 않고
나의 길에 집중할 때
더 큰 결과를 창조할 수 있죠."

서정진은 바이오의약의 미래를 확신하는 믿음, 내가 1등이 될
수 있다는 자신감으로 회사를 혁신시켰다. 전문가가 아니기 때문
에 바이오 분야의 진짜 전문가가 되기 위해 노력했다. 무려 40개
국을 돌아다니며 각국의 바이오 전문들에게 자문을 구했다. 출장
이 취미가 될 정도다. 직접 해외 시장을 방문하면서 현장 이야기를
듣는다. 세계 각국의 주요 정부 관계자와 의료진을 만나 그들의 목
소리를 직접 듣고 시장 반응과 수요를 파악한다. 논문에 답이 없으
면 현장에서 그 답을 찾을 수 있다는 믿음 때문이다. 정보 확보가
성공의 첩경이라고 믿는다.

"성공을 결정하는 것은
절박함에 있습니다."

서정진은 "성공을 결정하는 것은 회사 안에 돈이 얼마나 많이

있는가가 아니라 사업하는 사람 스스로 얼마나 절박하냐에 달려 있다"고 말한다. "아직 성공하지 않은 것일 뿐 세상에 실패란 단어는 없다"는 생각으로 성공을 향해 달려갈 때, 절박함으로 매달릴 때, 모든 것이 가능해진다고 말한다.

서정진은 더 큰 꿈을 두드리고 있다. 바이오시밀러 제조회사를 뛰어넘어 바이오 신약 개발을 최종 목표로 꿈꾸고 있다. 비록 바이오 전공자는 아니었지만, '바이오 CEO의 길'을 개척해 바이오시밀러 시장을 제패했다. 이제는 바이오시밀러를 넘어 오리지널 바이오 의약품보다 효능이나 안전성, 편의성 등을 개량한 바이오베터, 백신, 신약 등 다양한 분야의 프로젝트를 준비하고 있다.

서정진 영웅의 두드림

대학 졸업 후 대기업에 취업해 '잘나가는 임원의 길'을 걸었다. 하지만 회사가 망하면서 '창업 CEO의 길'을 두드렸다. 바이오시밀러의 미래를 믿고 '바이오의 길'을 개척한 결과 한국 바이오 신화를 창조할 수 있었다. 나아가 한국에서 두 번째 부자로 운명을 바꿀 수 있었다.

경제 영웅 김슬아

 '새벽배송' 돌풍을 일으킨 여성 창업자 김슬아 마켓컬리 대표. SSG닷컴, 롯데홈쇼핑 등 유통 대기업에서 새벽배송 서비스를 시작했고 이미 '로켓배송(자정 전 주문 시 이튿날 배송)'으로 온라인쇼핑 업계에 돌풍을 불러일으킨 쿠팡까지 새벽배송 서비스 시장에 진출했다. 김슬아는 어떻게 이런 창의적인 생각을 했을까?

 그녀는 유독 어린시절부터 먹거리와 창업에 관심이 많았다. 창업의 길을 오랫동안 꿈꿨다. 그녀는 갈망의 두드림으로 창업을 꿈꿨고 생각의 두드림으로 창업에 성공하려면 다양한 공부를 해야

한다고 생각했다. 이 같은 생각에 따라 민족사관고 졸업 후 힐러리 클린턴 전 미국 국무장관이 나온 보스턴 소재 웰슬리대학에서 정치학을 공부했다.

이후 골드만삭스 홍콩, 맥킨지 홍콩, 싱가포르 테마섹, 베인앤드컴퍼니 서울 등 글로벌회사에서 창업에 필요한 실력을 탄탄하게 쌓았다. 그리고 2015년 32세가 되자, 거액의 연봉을 팽개치고 사표를 냈다. 그것도 굴지의 컨설팅 회사인 골드만삭스에서 승진하는 날 사표를 냈다. 앞으로 1년간 편하게 일하라는 상사의 말에 배울

게 없다고 생각했다. 당시 그의 연봉은 그냥 억대 연봉도 아닌 수억대 연봉이었다.

'나의 길'을 걸을 생각을 하니, 가슴 벅찼다. 그녀에게 나의 길 이상으로 소중한 가치는 없었다. 어릴 때부터 가졌던 두드림, '내가 먹고 싶은 음식을 판매하고 싶다'는 욕구를 실천하기 위해 먹거리 유통회사 마켓컬리를 창업했다.

그녀는 평소 채소, 고기, 과일 등 품목별로 좋은 상품을 구매하기 위해 여러 마트를 순회하는 버릇이 있었다. 마트 이곳저곳을 다니면서 불현듯 '이런 불편함이 없는 마트를 만들면 어떨까' 하는 생각의 두드림에 빠졌다.

"양질의 식재료를
한 곳에서 구입할 수 있으면
얼마나 좋을까."

이 같은 갈망의 두드림이 마켓컬리 창업으로 이어졌다. 마음에 드는 식재료를 찾아 이곳저곳 돌아다니며 많은 시간을 들여야 하는 불편을 없애는 비즈니스 모델을 만들었다. 마트마다 셀 수 없이 많은 물건을 다 갖다놓고 고객에게 선택권을 주는 것과 달리 마켓컬리는 직접 신선한 식재료를 선별해 가장 완벽한 상태로 고객에게 전달하는 것을 목표로 설정했다. 식재료 큐레이션 서비스를 제공한 것이다.

신선식품 새벽배송을 위해 샛별배송 서비스를 국내 최초로 선보였다. 샛별배송은 밤 11시까지 주문하면 이튿날 오전 7시 이전에 현관 앞으로 상품을 배달해주는 서비스다. 획기적인 서비스로 마켓컬리는 유력한 국내 12번째 유니콘 기업(자산가치 1조 원 이상 스타트업) 후보가 됐다. 투자가 이어지면서 마켓컬리의 기업가치는 6,000억 원대로 뛰어올랐다.

어린 시절 자신이 꿈꿨던 먹거리에 대한 관심사를 가슴에 담고 창업의 길을 두드린 결과 김슬아는 자신의 두드림을 현실로 만들 수 있었다.

꿈을 완성해주는 실행의 두드림

마켓컬리의 성공은 창업자 김슬아의 끝없는 생각의 두드림과 실행의 두드림이 가져다 준 결과물이다. '고객에게 사랑받는 기업을 어떻게 만들까'에 대한 생각의 두드림에 빠진 결과 그녀는 '품질'이라는 결론에 도달했다. 생각의 두드림대로 김슬아는 고품질 상품만 취급한다는 원칙을 세웠다.

상품 기획자MD들은 산지를 방문해 상품 생산 과정을 꼼꼼히 살펴 판매 후보에 올린다. 매주 열리는 상품위원회에서는 MD뿐 아니라 마케팅, 고객서비스CS 부문 직원들이 함께 상품 출시 여부를 결정한다. 이 위원회를 거쳐야만 홈페이지에 상품을 올릴 수 있다. 상품 출시까지 최소 수개월에서 1년가량이 걸리기도 한다. 상품위원회를 통과하더라도 매일 검수팀이 상품 질이 떨어진다고 판단하면 판매를 포기한다. 생산자 입장에서는 당황스러운 일이다.

그래도 이것은 실행의 두드림을 행동에 옮기는 원칙이 됐다. 기준만 통과하면 마켓컬리와 오래 거래할 수 있었고 100% 직매입 원칙과 무無반품 원칙을 고수하며 생산자의 재고 부담을 덜어줬다. 생산자들이 마켓컬리와 거래하는 것을 선호할 수밖에 없도록 한 것이다.

생각의 두드림은 샛별배송이란 아이디어로 이어졌다. 신선한 식재료, 즉 좋은 상품을 고객에게 그대로 전달하기 위해서는 신선도를 유지할 수 있는 '골든타임'이 핵심이라고 생각했다. 마켓컬리의 경쟁력을 유지할 수 있는 실행의 두드림으로 이어졌다. 대형마트는 농산물 수확 후 평균 48시간 이후 진열하지만 마켓컬리는 이 시간을 24시간 이내로 단축하기로 했다. 골든타임을 24시간으로 잡아 가장 신선한 상태로 배송하는 실행의 두드림을 시작한 것이다.

특히 마켓컬리의 모든 유통 과정에도 신선도를 유지하기 위해 각 상품별 적정 온도를 설정해 '풀 콜드 체인Full Cold Chain'시스템을 구축했다. '신선도 유지'를 또 다른 실행의 두드림의 핵심으로 삼은 것이다. 여기에 데이터 분석을 접목했다. 상품을 수확하면서부터 고객에게 전달하는 과정을 빅데이터화해서 수요를 예측하고 그에 맞게 상품을 매입, 판매하는 프로세스를 만들어 재고 발생을 없애는 물류 혁신을 일으켰다. 데이터 분석 결과를 정확하게 해서 실패 비용을 줄이고 업무 효율성을 높일 수 있도록 했다. 이를 통해 상품 가격까지 낮출 수 있도록 했다.

"사과 농부 같은 사람이 되고 싶다.
과수원은 한 20년 해야 잘한다고 한다.
40년, 50년은 기본이다.
단기 성과를 내야 한다는 강박을 갖지 않으려 한다.

매일 조금씩 무언가를 해내는 농부들의 성실함에서 오는
결실들을 배웠다."

김슬아의 말대로 성실함으로 새벽배송이라는 새로운 시장을 갈
망의 두드림으로 만들어가고 있다. 생각의 두드림, 실행의 두드림
으로 그 꿈을 한 발짝 한 발짝 완성해가고 있다.

김슬아 영웅의 두드림

유명 컨설팅 회사의 고액 연봉 자리를 팽개치고 '창업 CEO의 길'을 두드렸
다. 먹거리에 대한 자신의 가장 큰 관심사를 창업으로 연결해 마켓컬리를 창
업했다. 새벽배송으로 먹거리 유통 혁명을 일으키는 꿈을 꿨고, 샛별배송을
통해 물류 혁명을 일으켰다.

문화 예술 영웅 금난새

금난새는 한국을 대표하는 지휘자다. 금난새란 이름은 '하늘을 나는 새'라는 뜻으로, 주민등록상에 올려진 우리나라 최초의 한글 이름이다. 국민가곡 〈그네〉의 작곡가 금수현이 아버지고 지휘자 금노상이 동생이다.

그만큼 음악집안에서 음악의 영향을 많이 받고 살았다. 금난새는 자연스럽게 삶의 여정을 음악인의 길로 정했다. 그 두드림을 찾아 금난새는 예술고, 음대 작곡과, 외국 음악대학 유학의 길을 걸었다.

그리고 1977년 카라얀 국제 지휘자 콩쿨에서 4위로 입상하며 지휘자의 길로 들어섰다. 1980년 귀국하여 33세의 나이로 최연소 국립교향악단의 전임 지휘자가 되었다.

사진 제공: 뉴월드 필하모닉 오케스트라

이후 국립교향악단이 KBS 교향악단으로 이관되면서 12년간 지휘자로 활동했고, 러시아의 상트페테르부르크 교향악단과 같은 세계 유수의 오케스트라에서 객원 지휘자로도 활동하며 국제적인 명성을 쌓았다.

서울 올림픽이 열린 1988년에는 유럽 각국의 수석 연주자들이 모인 페스티벌 성격의 교향악단인 유러피안 마스터 오케스트라 EMO의 음악감독 겸 지휘자로 선정되어 유럽과 한국에서 순회공연을 이끌었다.

1992년부터 수원 시립교향악단으로 자리를 옮겨 활동했고, 1998년에는 유라시안 필하모닉 오케스트라를 창단해 음악감독

겸 상임지휘자를 맡아 다양한 형태의 기획 공연을 개최하여 많은 호응을 받았다. 2006년부터 2011년 초까지 경기 도립 오케스트라의 상임지휘자로 활동했으며, 2011년 2월부터 인천시립예술단 예술감독으로 활동하고 있다.

지휘자 '금난새의 길'은 '클래식 대중화의 길'로 통한다.

"고전 음악가의 길은
'원 웨이'가 아니에요.
내가 하는 활동이
사회에 도움이 되냐, 안 되냐가
중요합니다."

금난새는 친숙하고 쉬운 클래식 만들기 운동의 일환으로 '금난새의 해설이 있는 음악회', '금난새와 떠나는 오페라 여행', '베토벤 페스티벌', '금난새의 청소년 음악회' 같은 공연을 기획·연주하며 40년 넘게 클래식 대중화에 힘썼다.

특히 '해설이 있는 청소년 음악회'는 매년 전회 전석 매진의 대기록을 세울 정도로 큰 인기를 끌었다. 2005년부터 시작된 '제주

뮤직아일 페스티벌'은 신개념 음악축제로 자리 잡으며 십여 년이 넘는 오랜 기간 뜨거운 호평과 사랑을 받았다.

끝없는 도전을 자극하는 두드림

금난새는 단순한 지휘자이기를 거부했다. CEO, 교육자, 예술 감독, 클래식 전도사 등 다양한 활동을 하며 음악을 활용해 수많은 도전을 즐겼다. 신선한 발상으로 각양각색의 연주를 기획해 새로운 도전을 즐겼다.

이 결과 음악의 아름다움을 널리 알리는 정다운 메신저, 클래식 전도사라는 별칭을 얻었다.

"이 사회를 위해서 무엇을 할까?
음악으로 세상을 위해 어떤 기여를 할까?"

금난새는 클래식 음악의 전파를 하나의 종교적 신앙처럼 생각한다. 스스로를 '클래식 번역가'로 생각한다. 어렵게 느껴지는 클래식 음악을 청중의 눈높이에 맞춰 들려준다.

"내 나라의 악단 지휘에

최선을 다했어요.

특히 지역, 청소년 오케스트라와

함께하려고 애썼지요.

그게 베를린필, 뉴욕필을 지휘하는 것보다

더 중요하다고 생각하기 때문이에요."

금난새가 해외에 가지 않고 국내에만 집중하는 이유다. 그는 스스로의 길을 청소년 육성, 국내 클래식 대중화라고 믿었다. 독일 활동시절 베를린필 총감독이 금난새 같은 사람이 한국에 귀국해서 모국에 기여하는 게 좋겠다는 권고를 듣고 미련 없이 국내로 귀국했다.

도전을 위해 서울시향으로 가서 지휘봉을 잡았다. 문화 대중화, 보편화를 위한 결정으로, 이는 상당한 쇼크였다. 특히 8년 동안 농촌을 찾아다니며 오케스트라를 연주했다. 음악인으로서 대중과 소외된 계층과 함께하는 소신의 길을 걸었다.

그리고 그는 지금까지 한국에서 활동을 시작한 것을 잘한 결정이라고 생각한다. 나의 길을 선택했고 그 길이 맞았다고 그는 믿는다. 자신이 선택한 길이기 때문이다. 대신 국내에서 그가 하고 싶은 모든 일을 다 했다. 그는 지난 20년간 사흘에 한 번, 1년에 100회 이상 공연했다.

금난새 영웅의 두드림

〈그네〉의 작곡가인 아버지 금수현의 영향으로 '음악인의 길'을 두드렸다. 음악을 전공하고 유학까지 가서 세계적인 역량을 갖췄지만 그는 한국에 귀국해 클래식 대중화를 위해 한평생을 바쳤다. 그 결과 그는 가장 사랑받는 지휘자가 됐다.

DoDream

문화 예술 영웅 ITZY

ITZY(있지)는 K팝 걸그룹 지상파 최단 기간 1위, 빌보드 K팝 데뷔 그룹으로 역대급 기록을 경신 중인 5인조 아이돌 걸그룹이다. 데뷔 첫해 '2019 최고 신인' 돌풍을 일으켜 주목을 받고 있다. 팀명 ITZY는 '너희가 원하는 것 전부 있지? 있지!' 자신감을 표방하는 이름이자, 특정 대상을 지칭할 때 쓰는 'it', 가지고 싶은 대상을 향해 쓰는 'it' 등 영어 it이 갖는 의미와, 걸그룹에게 기대하는 모든 매력을 지니고 '있다'는 한국어의 뜻이 담긴 이름이다.

ITZY는 2019년 2월 〈IT'z Different〉를 발매하며 데뷔하였

사진 제공: ㈜제이와이피엔터테인먼트

으며, 이 앨범의 타이틀곡 〈달라달라〉는 발매 24시간 만에 1,400
만 뷰를 달성했다. 이후 〈IT'z ICY〉를 발매했고 MGMA(M2×
GENIE MUSIC AWARDS)에서 여자 신인상을 수상했다. 또한 이 앨
범의 타이틀곡 ICY는 음악방송 12관왕을 달성하였다. 2019
년 멜론뮤직어워드MMA 신인상을 수상했다. ITZY의 팬덤은
MIDZY다.

이들이 짧은 시간에 거둔 성공의 비결은 무엇일까? 가수의 길
을 두드려온 5명 여걸들의 두드림이 발산된 결과다. 유나, 류진,

채령, 리아, 예지 등 총 5명의 멤버로 구성된 ITZY는 JYP 엔터테인먼트에서 무려 4년간에 걸친 혹독한 훈련, 즉 실행의 두드림 과정을 거쳤다. EDM, 하우스, 힙합 등 여러 장르의 장점을 모은 퓨전 그루브Fusion Groove 사운드를 연출해 순식간에 광팬을 만들어냈다.

나아가 '외모만 보고 내가 날라리 같대요, So what? 신경 안 써, I'm sorry, I don't care', '난 지금 내가 좋아, 나는 나야' 등 당당한 메시지를 경쾌하면서도 패기 넘치도록 연출해 그들만의 매력을 발산시켰다.

레오파드 패턴의 의상, 스팽글 드레스, 스포티룩 등 화려한 스타일링으로 드림팀다운 완벽한 비주얼을 만들어냈다. 댄스 브레이크 부분에서는 파워풀한 퍼포먼스로 걸크러쉬 매력이 분출되도록 했다. 혹독한 연습과 훈련, 즉 실행의 두드림을 통해 '실력 있는 아이돌 그룹'을 완성해낸 것이다.

JYP가 원더걸스, 미쓰에이, 트와이스 등 인기 걸그룹에 이은 차세대 아이돌 걸그룹의 두드림을 갖고 디자인을 했고 그 연출대로 5명의 드림팀이 실행의 두드림으로 최고의 작품을 완성해낸 것이다. 스타가 되겠다는 그들의 두드림은 노래와 춤, 의상, 보이스,

몸짓을 순식간에 국민적 사랑을 받는 특별함으로 만들어줬다.

스타의 꿈을 이뤄주는 두드림

스타 아이돌 그룹은 가수를 꿈꾸는 사람들의 꿈 중 하나다. 특히 JYP와 같은 전문 엔터테인먼트 회사의 소속이 된다는 것만으로도 꿈에 다가가는 일이다. 수많은 연습생들이 가수의 길을 꿈꾸며 저마다의 두드림을 갖고 있다.

유나, 류진, 채령, 리아, 예지 등 5명은 스타의 길을 꿈꿨다. 그리고 그 길을 향해 달려왔다. 멤버 중 예지는 방송 프로그램 〈더 팬〉을 통해 얼굴을 알렸고 류진과 채령 역시 〈믹스나인〉과 〈식스틴〉 등에 출연하며 자신의 역량을 세상에 알렸다. 유나는 JYP 보이그룹 스트레이 키즈를 탄생시킨 〈스트레이 키즈〉에 등장해 실력을 뽐냈고, 리아는 JYP 훈련생이 되어 실력을 쌓았다. 제각각 실력을 쌓아가며 스타의 길을 향해 기회를 잡는 노력을 했던 것이다.

그 결과 데뷔 즉시 주목받는 인기 신인 걸그룹이 됐다. 신인상 8관왕을 휩쓸며 2019년 최고의 루키가 됐다. 데뷔 171일 만에 첫 신인상을 거머쥘 정도였다. 데뷔곡 〈달라달라〉로 공개 이틀 만에 각종 실시간 음원 차트 정상을 차지한 데 이어 각종 음원차트 상위권을 점령하며 역대급 신인의 존재감을 과시했다. 안무까지 주목을 받으며 인기몰이 중이다.

첫 해외 쇼케이스로 아시아와 미국, 11개 지역에서 대규모로 개최되는 '있지 프리미어 쇼케이스 투어에서 폭발적인 반응을 끌어내며 글로벌 행보에 청신호를 보냈다. 팬들과 적극적으로 소통하기 위해 열심히 태국어를 연습하고 유창한 발음까지 뽐내, 현장에 있던 사람들을 깜짝 놀라게 했다.

성공적으로 공연을 마무리하고 태국을 떠나는 날도 입국 시와 마찬가지로 수많은 팬들이 ITZY를 보기 위해 공항을 찾아 넘사벽 인기를 실감하게 했다. 월드 스타가 되기 위한 실행의 두드림에 만전을 기하고 있는 것이다.

"K팝을 알리는 데
앞장서고 싶어요.
그에 걸맞게
열심히 하는 게 답이겠죠."

ITZY는 '열심히'가 월드스타의 길로 가는 방법임을 이미 잘 알고 있다. 두드림은 꿈을 이뤄준다. 스타의 꿈이든, 과학자의 꿈이든, 본인이 희망하는 꿈은 무엇이든지 이룰 수 있도록 '나의 길'에 용기와 힘을 실어준다.

ITZY 영웅의 두드림

스타 아이돌의 꿈을 안고 수년간 연습생 생활에 매진한 결과 데뷔 첫해 신인 왕을 휩쓴 괴물신인이 될 수 있었다. 유나, 류진, 채령, 리아, 예지 5명의 멤버는 혹독한 연습과 훈련, 즉 실행의 두드림을 통해 '실력 있는 아이돌 그룹'을 완성해냈다.

스포츠 영웅 이봉주

이봉주는 1996 애틀랜타 올림픽 은메달리스트, 1998 방콕·2002 부산 아시안 게임 금메달리스트, 2001 보스턴 마라톤 우승자다. 평생 '마라톤의 길'을 걸어 육상의 레전드가 됐다. 국민 마라토너, 봉주르, 봉달이, 마라톤 영웅 등의 별명을 얻었다. 손기정, 황영조와 함께 전 국민이 아는 마라톤계의 슈퍼스타다.

1970년 10월 10일 충청남도 천안시에서 태어난 이봉주는 광천고등학교 1학년 때 육상 장거리에 입문했다. 1990년 제71회 전국체전 준우승에 이어, 이듬해 1991년 제72회 전국체전 마라톤 종

목에서 우승한 후, 1993년 제
74회 전국체전에서도 2시간
10분 27초로 우승을 차지하
며 두각을 나타냈다.

'코오롱 사단'에 입단한 이봉
주는 1992년 1월 도쿄 국제 하
프마라톤 대회에서 대한민국
최고 기록을 수립하며 4위로
골인하며, 서서히 이름을 알리
기 시작했다. 하지만 1992년
바르셀로나 올림픽 선발전에서

사진 제공: (주)런코리아

레이스 도중 넘어져 출전을 포기하고 말았다.

하지만 그는 다시 일어섰다. 1993년 12월에 열린 하와이 호놀
룰루 국제 마라톤 대회에서 우승을 차지한데 이어 1996년 애틀랜
타 올림픽에서 은메달을 획득하며 마라톤 영웅으로 우뚝 섰다. 안
타깝게도 금메달(조시아 투과니)과는 3초 차이였고 이것은 역대 최단 격
차였다.

이봉주는 오뚝이의 상징이 되고 있다. 마라토너로서 서른살 이

후 찾아온 슬럼프에서 저력을 발휘했다. 계속되는 부진과 발바닥 부상으로 선수 생활에 위기를 맞았음에도, 2007년 서울 국제 마라톤에서 역전 우승을 차지했다. 다만 2008 베이징 올림픽에서는 수상권에서 멀어졌지만, 28위로 완주를 하는 투혼을 발휘했다.

40세가 된 2009년 10월 21일, 제90회 전국체전 마라톤 대회에서 2시간 15분 25초 만에 완주해 1위로 결승점을 통과하며 우승하면서 현역에서 은퇴했다. 마라톤 풀코스에 44번을 도전해 41번을 완주한 엄청난 끈기, 평발과 짝발을 극복했다는 점에서 높은 평가를 받고 있다.

마라톤계에서는 세계정상급 선수 가운데 41번의 완주 기록을 갖고 있는 선수는 이례적이다. 그가 완주한 거리만 따져 봐도 1,729.995km에 이른다. 연습거리를 포함하면 20만km 가까이 된다. 서울에서 부산을 250번 왕복한 거리고, 서울에서 일본 도쿄까지 90번 가까이 왕복한 거리다. 인생 자체가 '달리기'였다.

신기록을 만들어주는 두드림

이봉주는 20년 넘게 깨지지 않은 마라톤 한국 신기록의 보유자다. 평생 '질주'를 거듭한 결과 2000년 2월 13일 도쿄 국제 마라톤 대회에서 2시간 7분 20초라는 경이적인 기록을 남겨 한국 신기록을 갱신했다. 이 기록은 아직까지 한국 최고 기록으로 남아 있다.

"20년이란 긴 세월동안
무수한 좌절의 순간이 찾아왔습니다.
하지만 포기하지 않는
불굴의 투지로 다시 일어섰죠."

이봉주는 마라톤의 길을 천명으로 여겼다. 포기하지 않는, 불굴의 투지를 자신의 최대 장점으로 만들었다. '마라톤의 벽' 35km를 넘어설 때 모든 선수는 힘들어했지만, 이봉주는 더 큰 힘을 냈다. 절망의 순간마다 승부욕을 발동시켰다.

"최악의 상황을 이겨내려면
훈련과 정신력뿐입니다."

이 같은 이봉주의 투혼은 그를 한국 마라톤계의 역사로 만들어 줬다. 나의 길을 향한 두드림은 그에게 깨지지 않는 한국 최고 신기록의 영예를 안겨줬다. 164.6cm의 왜소하고 작은 체구에도 막강한 파워를 발휘했다. 이봉주를 잘 아는 사람들은 그를 '러닝 러너Running Learner', 즉 달리면서 배우는 사람이라고 말한다. 마라톤을 하면서 매일 자신과 싸웠고 이 싸움을 통해 세 가지의 소중한 지혜를 얻었다.

첫 번째, 성공하는 선수가 되려면 규칙적으로 운동해야 한다는 진리를 배웠다. 무조건 오전 5시에 일어나 3시간 동안 산이나 운동장에서 뛰었다. 비가 오건, 눈이 오건, 태풍이 불건 그에게 예외란 없었다. 심지어 프랑스로 신혼여행을 갔을 때도 새벽에 일어나 파리 시내를 뛰었다. 그는 말한다.

"아무리 어려운 일도
일상이 되면 더 이상 힘들지 않아요."

두 번째, 이봉주가 배운 진리는 약점을 이겨내는 정신력이다. 이봉주는 마라톤을 하면서 '짝발에 평발'이 선수에게는 치명적인 약점이란 사실을 알게 됐다. 그는 이 약점을 장점으로 바꾸기 위해 남들보다 더 강도 높게 훈련했다.

"그 어떤 재능보다
결핍이 가장 큰 자산이 됐습니다."

세 번째, 이봉주는 자신을 믿는 게 가장 중요하다는 사실을 배웠다. 마라톤에서는 죽음의 지점이라고 불리는 35km지점, 데드 포인트Dead Point가 있다. 정신적, 육체적 고통이 극에 달하게 된다. '포기냐, 완주냐'를 두고 자신과 끝없이 싸워야 한다. 그는 해낼 수 있다는 믿음으로 자신을 믿었다.

이봉주 영웅의 두드림

'짝발에 평발'이라는 치명적인 약점에도 '나는 할 수 있다'는 두드림 정신으로 20년 넘게 깨지지 않는 한국 마라톤 신기록 보유자가 됐다. 죽음의 지점 35km를 강한 정신력으로 이겨내고 41번 완주하는 투혼을 발휘했다.

스포츠 영웅 정찬성

'코리안 좀비' UFC 선수

정찬성은 종합격투기Mixed Martial Arts라고 하는 낯선 스포츠 분야에 뛰어들어 '코리안 좀비'가 됐다.

정찬성은 1987년 경상북도 포항에서 태어났다. 남양주로 이사하여 중학교에 다니면서, 내성적인 성격을 고치기 위해 합기도를 시작하면서 운동을 시작했다. 킥복싱을 배운 뒤 종합격투기에 진출하여 판크라스 코리아의 네오블러드 토너먼트에서 우승하면서 두각을 나타내기 시작했다.

미국 데뷔전인 레너드 가르시아와의 경기에서 포기하지 않고

전진하는 엄청난 투혼을 보여
주면서 '코리안 좀비'라는 별명
을 얻게 됐다.

이후 레너드 가르시아와 재
대결이 이뤄졌다. 이 대회에서
정찬성은 UFC 역사상 최초
로 트위스터라는 고난이도의
브라질 유술 기술로 승리를 이
끌어냈다.

이후 마크 호미닉과 맞붙어
경기 시작 단 7초만에 UFC

사진 제공: AOMG

역사상 최단시간 KO승을 거두고, 더스틴 포이리에와의 경기에서
도 명경기 끝에 다스초크로 승리하는 등 연달아 강자들을 격파시
켰다.

그리고 마침내 한국인 선수로는 최초로 UFC 타이틀전을 벌였
지만, 2013년 8월 3일 경량급의 최강자로 군림하던 조제 알도와
의 팽팽한 경기 도중 어깨 관절이 탈구되는 부상을 입어 아쉽게도
패배한다. 이때 부상으로 4급 판정을 받아 2014년 10월부터 공익

근무요원으로 복무하다 2016년 10월에 전역했다.

그는 여기에서 포기하지 않았다. 절치부심 끝에 3년 6개월 만에 복귀전을 벌여 데니스 버뮤데즈를 상대로 화끈한 승리를 거두며 재기했다. 2019년 12월에는 UFC 부산 대회에서 페더급 강자 프랭키 에드가를 압도적인 경기력으로 제압하면서 챔피언 벨트 도전 준비를 마친 상태다.

"스스로를 특별하다고
자부하는 순간
멈춰버리게 됩니다."

정찬성은 포기하지 않는 끈기, 지독한 훈련만이 운동선수의 미래를 만들어준다고 믿고 있다.

다시 일어서게 해주는 두드림

정찬성은 '종합격투기 선수의 길'을 개척해 한국 선수로는 유일하게 UFC 타이틀 매치를 치른 한국 역사상 최고의 선수가 됐다.

이종격투기가 서로 다른 무술간의 대결이라면 종합격투기는 어떤 무술과 싸워도 효과적으로 대응할 수 있는 방법과 최대한 제약이 없는 룰에서 사용될 수 있는 기술들을 추구하면서 탄생한 말 그대로 전천후 격투기다.

정찬성은 한국인 최초의 UFC 타이틀전에서 4라운드 어깨 탈골로 TKO로 패배했다. 하지만 그는 두드림으로 다시 일어섰다. 버뮤데즈를 1라운드 2분 30초 만에 승리로 이끌면서 코리안 좀비의 부활을 전 세계에 알렸다.

"3년이 넘는
공백 기간 동안
자신에 대한 믿음이
가장 중요했습니다."

정찬성은 '나는 할 수 있다'는 캔두 정신으로 자신을 무장시켰다. 하지만 위기가 또 찾아왔다. 연습 도중 십자인대가 파열된 것이다. 더군다나 버뮤데즈전 이후 어깨 부상이 재발해 치명적인 부상이 생겼다. 그럼에도 그는 화려하게 부활했다.

2019년 12월 21일 부산 사직 실내체육관에서 벌어진 UFC 파이트 나이트 부산 메인 이벤트에서 프랭키 에드가에게 1라운드 3분 18초 만에 화끈한 TKO승을 거뒀다. 이 승리로 정찬성은 랭킹 4위에 올랐다. 이제 UFC 페더급 챔피언을 노리고 있다.

"내가 잘 되어야 합니다.
그래야 후배들이
나를 보면서
꿈을 키우고
자신감을 얻을 수 있죠."

수많은 제자를 키우고 있는 정찬성은 후배들의 모델이 되기 위해 더 큰 꿈을 두드리고 있다. 그는 패배에서 더 큰 도전의식을 느낀다.

"패배를 두려워하면 안 됩니다.
패배가 저를 코리안 좀비로 만들었죠."

정찬성은 패배 때마다 패배 원인을 분석해 신기술로 자신을 재무장했다. 상대방을 이길 기량을 쌓았다. 그리고 다시 같은 선수에게 도전장을 내서 패배의 역사를 승리의 역사로 바꿔놓았다. 패배의 쓰라린 경험을 통해 좋은 선수가 되는 방법을 배웠다.

정찬성 영웅의 두드림

남들이 가지 않는 '격투기 선수의 길'을 두드렸다. 포기하지 않는 엄청난 투혼으로 한국인 최초 UFC 타이틀전에 도전했다. 어깨 관절이 탈구되는 부상을 입어 패배했지만 다시 재기해 절대 쓰러지지 않는 선수라는 뜻을 가진 '코리안 좀비'의 명성을 얻었다.

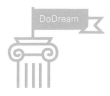

스포츠 영웅 이상화

세계신기록 빙속 여제

이상화는 스피드 스케이팅으로 연속 세계 1등을 하며 한국 여성 스피드 스케이팅의 전설이자, 빙속 여제가 됐다. 2010년대 자타공인 스피드 스케이팅 단거리 부문의 최강자로 대표 종목은 500m다. 36초36이라는 500m 세계신기록을 보유하고 있다.

이상화는 일찌감치 뛰어난 기량을 발휘했다. 중학생 때 국가대표에 발탁됐고 고교 선수들보다 기록이 더 잘 나왔다. 만 16세가 된 2005년 3월, 이상화는 종목별 세계 선수권 대회 500m에서 3위에 오르면서 세계 무대에 일찌감치 이름을 알렸다. 2006년 휘경

사진 제공: (주)디모스트엔터테인먼트

여자고등학교 2학년 때 토리노 동계올림픽에서 500m에 출전하여 5위에 올라 금메달에 다가갔다. 고등학교 졸업을 앞둔 2007년 1월, 2007 토리노 동계 유니버시아드에서도 500m 금메달을 차지했다.

그리고 3년 뒤 열린 2010년 밴쿠버 동계올림픽에서 당시 세계기록 보유자 독일의 예니 볼프를 따돌리고 국내 여자 스피드 스케이팅 사상 최초로 금메달을 땄다. 2012년 세계 종목별 선수권 대회 500m에서 우승을 차지하며 한국 여자 선수로는 유일한 우승 선수가 됐다. 2014년 소치 동계올림픽 대회에서도 밴쿠버 동계 올림픽에 이어 500m 부문 2연패에 성공하며 한국 선수로는 물론 아시아 선수 최초로 스피드 스케이팅 올림픽 2연패를 이룬 선수가 됐다.

이상화는 7세 때 오빠를 따라 스케이트장에 갔다가 빙상에 입문했다. 그녀는 원래 쇼트트랙으로 빙상을 시작했다. 운명의 길을 바꾼 것은 초등학교 4학년 때였다.

"자주 넘어지는 쇼트트랙이 무서워서
스피드 스케이트로 종목을 바꿨어요."

어린 이상화였지만, 자신의 감각적으로 빠른 '스타트 반응'을 스피드 스케이팅 선수로서의 장점으로 승화시키기로 했다. 종목을 바꾸자 더 큰 자신감이 생겼다. 출전하는 대회마다 신기록 행진이 이어졌고 우승이 뒤따랐다. 여자 중등부 시절에는 500m와 1000m에서 이틀 연속 대회 신기록을 세울 수 있었다. '쇼트트랙의 길'이 아닌 자신이 잘할 수 있는 '스피드 스케이팅의 길'을 선택한 이상화는 선수 최고의 영예인 빙속 여제가 됐다.

금메달, 신기록을 안겨주는 두드림

이상화의 어린 시절 한결같은 꿈은 금메달을 따는 것이었다.

"올림픽에서
꼭 금메달을 딸 것이다."

이상화는 금메달을 따는 꿈을 꾸며 극한 훈련을 이겨냈다. 15살 중학생 이상화는 여자 스피드 스케이팅의 샛별로 촉망받고 있었다. 이때부터 올림픽에서 꼭 금메달을 딸 것이라고 자신에게 다짐했다. 15살 때부터 국제무대에서 뛸 수 있다는 나이 제한이 있었기 때문이다.

그리고 착실하게 실력을 쌓아갔다. 국제대회에 진출한 이상화는 '한국 여자빙상의 희망'이 됐다. 17세 고등학생 소녀 이상화는 이탈리아 토리노 오발 링고토에서 벌어진 토리노 동계올림픽 여자 스피드스케이팅 500m 경기에서 역대 최고 5위에 오른 것이다.

이렇게 쌓인 탄탄한 실력은 2010년 밴쿠버올림픽 스피드스케이팅 여자 500m에서 사상 첫 금메달을 따며 한국 여자 빙속의 역사를 새로 썼다. 그리고 감격의 눈물을 흘렸다. 두드림은 이렇게 역사를 바꾸는 기적을 발휘한다.

올림픽에 임하며 이상화는 자신의 미니 홈피에 〈밴쿠버에서In Vancouver〉라는 제목으로 글을 쓰며 각오를 다짐했다.

"올림픽이 뭔지 날 너무 힘들게 했어.

이 날을 위해 4년 동안

피땀 흘려 힘들게 노력하고

고통스러워 포기하고 싶어도 어쩔 수 없이

꾹 참고 울고 웃었으니까.

이제 나와 행운의 여신이 함께할 차례인데,

하늘은 노력을 배신하지 않는다니까 한번 믿어봐야지."

"드디어 내게 찾아온 결전의 날.

다시 도전할게. 반갑다, 잘해보자. Success.

한 치의 실수도 냉정하게 반영되는 것, 그것이 시합."

최선을 다하고 결과에 임하는 이상화는 힘들었던 시간을 회상하며 자신이 금메달의 여신이 될 수 있다는 희망의 마법을 불어넣었다. 그리고 최선을 다해 경기에 임했다. 그리고 최고의 결과를 끌어냈다.

1948년 생모리츠 대회에 출전한 이후 한국 여자 빙속 사상 64년 만에 처음으로 메달을 따냈다. 한국 동계 스포츠 역사에 새로운 장을 만들어내는 쾌거를 일궈냈다. 특히 아시아 선수로는 사상 처음으로 500m에서 금메달을 따내는 역사를 만들어냈다. 스피드 스케이팅의 최단거리인 500m는 아시아 여자 선수들에겐 정복하기 힘든 벽이었다.

이상화 영웅의 두드림

7살 때부터 올림픽 금메달 영웅을 꿈꿨다. 쇼트트랙 선수에서 스피드 스케이팅 선수로 길을 바꿔 아시아 선수 최초로 올림픽 500m 경기에서 금메달을 따며 빙속여제가 됐다. 최선을 다하면 승리할 수 있다는 믿음으로 연속해서 올림픽 금메달을 땄고 혹독한 훈련을 통해 500m 세계신기록 보유자가 됐다.

영웅들의 두드림 따라 하기

- ✓ 환경 변화에 민첩하게 자신을 변신시켜라.
- ✓ 나의 두드림을 날마다 생각하고 실천하라.
- ✓ 항상 노력하고 최선을 다해 도전하라.
- ✓ 자나 깨나 한결같이 성공 분야를 공부하라.
- ✓ 오래 버티고 살아남는 방법을 찾아라.
- ✓ 가치 있는 일을 찾아 끝장을 봐라.
- ✓ 될 때까지, 끝까지 기회를 찾아라.
- ✓ 조급해하지 말고 끝까지 버텨라.
- ✓ 생각했던 것 이상으로 혼신의 힘을 다하라.
- ✓ '이만하면 됐다'는 생각에 멈추지 말라.
- ✓ '열심히'를 앞세워 '후회 없는 삶'을 만들어라.
- ✓ 경쟁자는 항상 자기 자신, '나'란 사실을 잊지 말라.
- ✓ 한계 상황에 직면해도 죽을힘을 다해 버텨라.
- ✓ 누구에게나 감동을 주는 결과를 만들어내라.
- ✓ 결과보다 과정 속에서 최고의 기쁨을 만끽하라.
- ✓ '잘될 것이다'라고 믿고 고난을 이겨내라.
- ✓ 불가능한 일을 기쁜 마음으로 즐겨라.

'나의 길'로
성공하는 두드림

나의 길 위에서 꿈을 두드려라

DoDream

후회 없는 길을 나의 길로 정하라

성공한 많은 사람들은 내가 가야 할 길, '나의 길'을 찾아냈다. 그 길은 행복한 길이었고 힘들어도 지치지 않는 길이었다. 본인이 원하지 않는 길을 가다가도 궤도 수정을 해서 나의 길로 되돌아왔다. 그리고 그 길 위에서 최고의 결과를 만들어냈다.

프랭크 시나트라Frank Sinatra가 부른 명곡 〈마이 웨이My Way〉는 '나의 길'이 얼마나 의미 있고 소중한지에 대해 알려주고 있다. 지금도 지난날을 되돌아 볼 때 좋았던 일보다는 아쉬웠던 일, 후회되는 일들이 더 많을 것이다. 그런 우리가 죽음을 앞둔 순간, 지난 삶을 돌이켜 보면서 어떤 생각을 하게 될까? 나의 길이 행복했노라고, 후회가 없었다고, 한 점 부끄럼 없는 삶이었다고 말할 수 있으면 얼마나 좋을까?

〈마이웨이〉는 1969년 불리기 시작해 오늘날까지 수많은 사람들에게 큰 영감을 주고 있다.

이제 죽을 날이 가까워졌네.
나는 인생의 마지막 장을 향하고 있다네.
벗이여, 나는 여기서 분명히 말할 게 있네.
확신을 갖고 나의 이야기를 할게.

나는 충만한 인생을 살아왔네.
모든 길을 다 가봤고(많은 일을 했고),
그리고 그보다 더 중요한 것은
내 방식대로 '나의 길'을 걸었지.
조금 후회 있지만 크진 않네.
나는 해야 할 일은 모두 해냈고
어떤 예외도 없이 끝까지 해냈네.

난 내 인생의 진로를 계획했고
샛길을 따라 한 걸음 한 걸음 신중하게 발을 들여놓았네.
그리고 그 무엇보다 더 중요한 것은,
내 방식대로 '나의 길'을 걸었다는 것이지.
그래요. 그럴 때도 있었지. 당신도 알겠지만,
내가 과욕을 부렸던 때도 있었지.
하지만 그 모든 것을 통해, 의구심이 들 때도
피하지 않고 그 일들을 잘 해냈지.
모든 일에 정면으로 맞섰고 당당히 버텼지.
그리고 내 방식대로 나의 길을 걸었지.

나는 사랑하기도 하고, 웃기도 하고, 울기도 했지.
패배도 실컷 맛보았지.
그리고 이제, 세월이 지나고 보니,
그 모든 것이 재미있었다는 생각이 드네.
내가 그런 일들을 했다고 생각하니,
말해도 될까, 수줍게 하는 말이 아니라고.
오 아니에요. 오 아니에요, 난 그렇지 않아요.

난 내 방식대로 나의 길을 걸었어요.

남자란 무엇 때문에 남자인가요? 무엇을 가졌나요?
그 자신이 아니라면 남자는 아무것도 아니랍니다.
자신의 솔직한 감정을 말하고
비굴한 말을 하지 말아야죠.
내 지나온 날이 보여주듯 난 당당히 시련을 받아들였고
내 방식대로 나의 길을 걸었지.

그렇다. 한 번뿐인 삶이다. 그 삶에 후회가 없으려면 자신이 하고 싶은 일, 해보고 싶은 일, 잘할 수 있는 일 가운데 가장 후회 없는 길을 나의 길로 정해 달려가야 한다.

BTS "너 자신을 사랑하라"

방탄소년단BTS은 한국 가수 최초로 유엔에서 연설하는 영예를 안았다. 그들이 7분간 전 세계 청년을 향해 한 말은 "자기 자신을 사랑하라Love Yourself"였다.

영어가 유창해 해외무대에서 스피치를 전담하는 리더 RM이 마이크를 잡았다. RM은 "진정한 사랑은 자신을 사랑하는 것에서 부터 시작한다"고 강조했다. RM은 경기도 일산에서 태어나 어린 시절을 보냈다. 9~10세 무렵 타인의 시선을 의식하게 됐고, 남들이 만들어놓은 틀에 자신을 집어넣기 시작하면서 나만의 목소리를 잃게 됐다고 고백했다.

그러면서 '나의 길'을 찾았다. 별을 보면서 꿈꾸지 말고 실천해 보자고 생각했다. 내 몸의 목소리를 들어보기로 마음먹었다. 그 결과 자신만의 길이 이미 있다는 사실을 알게 됐다.

"저에게는 음악이라는 도피처가 있었습니다.
그 작은 목소리를 들을 때까지
오랜 시간이 걸렸습니다."

RM은 "사람들로부터 BTS는 희망이 없다는 말을 들었고 포기하고 싶은 생각도 들었다"고 고백했다. 하지만 실행의 두드림으로 포기하지 않고 끝까지 달려간 결과 오늘날의 세계적인 가수 BTS가 될 수 있었다.

BTS는 말한다.

"실수하고 단점이 있지만
제 모습을 그대로 유지하십시오.
우리 스스로 어떻게 삶을 바꿀 수 있을까요?
그것은 우리 스스로를 사랑하는 것입니다.
여러분 목소리를 내주십시오.
여러분의 이야기를 얘기해주십시오."

RM은 말한다. 오늘날 무엇을 해야 할지 방황하던 자신이 음악이라는 나의 길을 찾아내 "나 자신을 사랑하면서 운명이 바뀌었다"고 말한다.

"나는 김남준이고, 방탄소년단의 RM이기도 합니다.
저는 아이돌이며, 한국의 작은 마을에서 온 아티스트입니다.
많은 사람처럼 저는 제 인생에서 수많은 실수를 저질렀습니다.
저는 많은 단점을 가지고 있고,
더 많은 두려움도 가지고 있습니다.

하지만 저는 제가 할 수 있는 만큼 저 자신을 북돋고 있습니다.
조금씩 더 스스로를 사랑하고 있습니다.
여러분의 이름은 무엇인가요? 스스로에게 이야기하세요."

정경화, 바이올리니스트의 길을 두드리다

세계적인 바이올리니스트 정경화. 첼리스트인 정명화가 언니고
세계적인 지휘자 정명훈이 동생이다. 음악집안에서 태어난 그녀는
자연스럽게 4살 때부터 피아노를 배우기 시작했다. 하지만 6살이
되자 정경화는 바이올린에 더 끌렸고 전공을 피아노에서 바이올린
으로 바꿨다. 뛰어난 재능을 인정받아 10살도 되지 않아 주요 무
대에 올라 연주를 하며 주목을 받았다.

'나의 길'을 일찍 찾았기 때문인지 바이올린 연주에서 천재성은
일찍 드러났다. 1960년 12살 때 미국으로 건너가 줄리어드음악원
에 입학했다. 바이올린 최고의 교사로 손꼽히던 이완 갈라미언에
게 직접 사사를 받았다.

19살 소녀는 카네기 홀에서 열린 리벤트리트 콩쿠르에 출전했
다. 동문인 핑카스 주커만과 경합이 이루어졌다. 두 번의 연주에서도

우열이 판가름 나지 않았다. 우열을 가리지 못한 심사위원들은 공동 우승이라는 이례적린 결론을 냈다. 이 일이 유명한 일화가 되면서 정경화가 재빨리 이름을 알리는 계기를 만들어줬다.

20살이 되자, 정경화는 유럽을 두드렸다. 런던에서 프레빈 지휘의 런던 교향악단을 반주로 한 차이콥스키의 협주곡을 연주했다. 커다란 센세이션을 불러일으켰다. 유럽과 미국 등 각지의 오케스트라에서 앞다퉈 투어공연을 요청해왔다. 이 일로 그녀는 인기 바이올리니스트 반열에 올랐다. 정경화는 어떻게 순탄한 나의 길을 걷는 걸까?

그녀만의 음악의 길을 개척해냈기 때문에 가능한 일이다. 타고난 음악적 재능 위에 정경화는 그녀만의 색깔을 입혔다. 자신의 감정을 음악에 그대로 담아, 있는 그대로 표현해냈다. 이 때문에 그녀의 연주에는 샘솟는 격정이나 깊은 슬픔, 혹은 섬세한 마음의 움직임, 풍부한 서정이 생생하게 담겨 있다는 평가를 받고 있다.

절실하고 물리칠 수 없는 호소력이 뛰어나 듣는 이의 마음에 파고든다. 마치 등 뒤에 낭떠러지를 둔 것 같은 절박감과 긴장, 골똘히 사색하는 듯한 연주 표현은 동양적인 신비감을 연출해낸다.

"연주가 예술적인 신비로움을 지닐 때
모두가 그 음악을 받아들이게 됩니다.
예술가라면 특히 자신의 길에
신비성을 느끼고
끊임없이 질문할 수 있어야 합니다.
그래야 길고 깊게 갈 수 있거든요."

정경화는 연주자가 오랜 수련으로 음악의 작은 틈새를 파고들
때 생기는 은유, 이것이 곧 관객에게 전하는 어떤 메시지가 된다고
믿는다. 정경화는 그러한 신비를 연출해내기 위해 바이올린을 헤아
릴 수 없을 만큼 많이 켜고 켜면서 그녀만의 세계를 만들어냈다.

"젊었을 땐 부모님을 위해,
나라를 위해서 연주했어요.
어떻게 나를 먼저 생각해요?
하지만 지금은 나 자신이 중요하다고
서슴없이 말할 수 있어요."

그렇다. 그녀가 세계적인 바이올리니스트로 인정받을 수 있었던 것은 나를 위한 나의 길을 걸어가며 '나의 세상'을 개척했기 때문이다.

신동엽, 장수하는 MC의 길을 두드리다

신동엽은 1991년 방송국 개그맨으로 뽑혀 방송인이 됐고 'MC의 길'을 개척해 사랑받는 국민 MC의 반열에 올라왔다. 그는 어떻게 오랜 기간 국민적인 사랑을 받을 수 있을까?

끝없는 노력이 뒷받침을 했다. 신동엽은 데뷔 초기 이휘재, 박수홍 등과 함께 꽃미남 개그맨으로 맹활약을 했다. 하지만, 개그맨으로서 두각을 나타내지 못했다. 신동엽은 길을 바꿨다. MC로 역할을 바꿨다. 특유의 순발력을 발휘하는 입담으로 역량 발휘를 모색했다. 하지만, 콩트와 스튜디오 안에서의 개인 진행을 주특기로 하는 스타일은 2000년대 중반 이후 봇물을 이룬 리얼 버라이어티 프로그램과 집단 MC 체제에는 잘 맞지 않았다. 뜨는 듯하면서도 대박을 터뜨리는 반열에 오르지 못했다.

그가 빛을 발휘하기 시작한 것은 2010년대에 들어서다. 2011년

〈김연아의 키스&크라이〉와 2012년 〈불후의 명곡 전설을 노래하다〉 등 오디션 형식의 프로그램이 등장하면서 신동엽은 특유의 순발력 있는 진행으로 두각을 드러내기 시작했다. 좌중을 사로잡는 능청스러운 입담과 돌발 상황에 더 빛나는 탁월한 순발력으로 자신을 무장시켰다.

〈대국민 토크쇼 안녕하세요〉, 〈불후의 명곡 전설을 노래하다〉, 〈강심장〉 등에서 메인 MC를 맡으면서 국민 MC로 도약했다. 2002년에 이어서 2012년 연예대상 대상을 수상하며 존재감을 드러냈다. '개그맨의 길'에 있었다면 만들 수 없는 기록이었다.

"내가 더 하고 싶어도
시청자분들에게 사랑을 못 받으면
그만두어야 해요.
그만큼 최선을 다해
열심히 하는 게 답인 것 같아요."

신동엽은 시청자의 사랑이 자신의 롱런을 결정한다고 믿는다.
신동엽은 2000년대 초 엔터테인먼트사, 다이어트 신발 등의 사업에 손을 대다 억대 빚을 떠안았던 아픔이 있다. 상처도 받고 경제적으로 힘든 상황이 찾아왔다. 이때의 경험이 신동엽 성장의 밑거름이 됐다. 한눈팔지 않고 방송에만 전념하는 계기를 만들었다. 당시 방송을 그만두면 생길지 모를 미래에 대한 불안감이 컸기 때문에 다른 생각을 했던 자신이 부끄러웠다. 신동엽은 '방송인의 길'에서 승부를 보기로 했다.

"알고 보니 제가 제일 잘하는 게 방송인데,
잘 못하는 쪽에 항상 관심을 가졌던 것 같아요."

내가 잘할 수 있는 나의 길만 두드리자, 자신감이 생겼다. 시청자들과 만나는 일이 내가 갈 길, 즉 천직이라고 생각하자 더욱 행복해졌다. 일도 더 즐거워졌고 감사할 일들이 더 많이 생겼다.

봉준호, 영화 감독의 길을 두드리다

기생충으로 칸영화제에서 한국 영화 최초 황금종려상을 받은 봉준호 감독. 그는 40회 청룡영화상 작품·감독상을 포함해 5관왕을 차지했다. 골든글로브 시상식에서는 한국 영화 최초 외국어 영화상을 수상했고 감독상 후보에 이름을 올렸다. 그야말로 '봉준호 신드롬'을 일으켰다.

그의 성공은 수십 년간 영화의 길목을 지켜온 봉준호의 집념에서 비롯됐다. 그는 대학을 졸업하고 영화전문 교육기관인 한국영화아카데미에 입학해 감독이 되는 길을 개척했다. 겸손하게 기초부터 하나씩 마스터해갔다. 수많은 습작을 만들어 선배들에게 조언을 받았다.

그 결과 1994년 16㎜ 단편영화 〈프레임 속의 기억들〉과 〈지리멸렬〉은 밴쿠버와 홍콩 영화제에 초청받을 수 있었다. 2000년 장편 데뷔작 〈플란다스의 개〉는 홍콩영화제 국제영화비평가상과 뮌헨 영화제 신인감독상을 차지하며 감독으로 인정받는 기회를 만들었다. 그리고 2003년, 송강호, 김상경 주연의 영화 〈살인의 추억〉이 흥행하면서 봉준호 감독은 스타 감독의 반열에 올랐다.

"가장 한국적이고
보편적인 감성을
전하고 싶었습니다."

봉준호의 성공은 영화 속에 그가 추구하는 철학이 담겨있기 때문이다. 봉준호의 7번째 장편 영화 〈기생충〉은 역대 자신의 작품에 녹아 있는 모든 장르와 철학이 한데 뒤섞여 있다. 〈괴물〉로 시작된 판타지 장르에 대한 감각은 물론 〈설국열차〉, 〈옥자〉 등 블록버스터 영화에서 보여준 양극화, 신자유주의의 비판적 서사가 적절하게 섞여 있다. 또한 반지하라는 한국적이고 특수한 공간을 통해세계의 보편적 공감대를 이끌어냈다. 빈부 격차를 유머러스하면서도 날 선 시선으로 그려냈다.

철학이 담긴 이 영화는 한국 영화의 위상을 한 단계 끌어올렸다. 한국 영화 100년사에서 가장 기념비적인 영화가 됐다. 나아가관객 1,000만 명을 돌파하며 작품성과 상업성 두 분야에서 획기적인 성과를 냈다. 영화감독의 길에서 자신의 능력을 찾아 세계인이 공감할 메시지를 찾아낸 감독의 통찰력이 최고 수준의 영화를탄생시키는 원동력이 됐던 것이다.

장미란, 역도 여왕의 길을 두드리다

장미란은 대한민국 역도 역사를 새로 쓴 역대 최고의 선수다.

아버지가 역도 선수였고 여동생과 남동생 모두 역도 선수였다. 한마디로 역도 가족 출신이다.

하지만 장미란은 처음에는 역도가 싫었다. 피아노와 그림 그리기를 좋아했다. 큰 체격만큼 식욕이 좋아 많이 먹는다는 핀잔을 어머니에게 자주 들었다. 다이어트로 역도를 해보라는 어머니 권유로 역도를 시작한 게 선수로 입문하는 계기가 됐다. 한참 동안 어머니가 주는 음식은 먹지도 않고 말도 하지 않을 정도로 불만이 많았다.

중학교를 졸업할 때까지 '나의 길'에 대한 확신이 없었다. 1998년 중학교 3학년 겨울 방학 무렵, 공부에 흥미를 잃고 성적이 떨어지는 바람에 시험으로 학생을 선발하는 좋은 고등학교에 갈 수 없게 됐다. 아버지가 역도를 권했다. 나의 길로 받아들인 장미란은 금방 타고난 재능을 보였다. 바벨을 잡은 지 열흘 만에 출전한 강원도 내 중학생 대회에서 우승을 차지했다.

이러한 결과에 고무된 그녀는 본격적으로 역도 선수의 길을 걷게 됐다. 역도를 시작한 지 4년째 되던 해인 2002년 국가대표로 선발됐다. '나의 길'은 장미란을 '역도여왕의 길'로 이끌었다. 2002년 부산 아시안 게임 때부터 국가 대표로 뛰기 시작해 2008년 베이징올림픽 금메달, 2010년 아시안 게임에서 금메달, 세계 역도 선수권 대회 4연패(2006~2009년)를 하며 세계를 재패했다. 여자역도 그랜드슬램의 위업까지 달성했다. 베이징올림픽에서는 총 326kg을 들어 올려 세계신기록을 세웠다.

"잘한다는 칭찬만 들었어요.
그것이 저를 발전하게 만들었어요."

19살, 부산아시안게임에 첫 국가대표로 출전할 때 장미란은 나의 길에 대한 확신이 있었다. 여자역도 최중량급에서 금메달을 딸 것이라는 주변의 기대주에 대한 평가들이 그녀에게 큰 엔돌핀을 가져다줬다. 이 칭찬은 장미란이 여자역도 최중량급을 석권할 힘을 줬고 '여자 헤라클레스', '30억분의 1' 등 세계에서 가장 힘센 여자에게 주어지는 영광스런 칭호가 주어졌다.

자신의 재능을 살린 도전은 장미란의 손을 세상에서 가장 아름다운 손으로 만들어줬다. 보통 남자보다 훨씬 크고 군데군데 굳은살이 딱딱하게 박혀 있지만, 그 거친 손은 세계의 기록을 만드는 손이 됐고 세계를 들어 올리는 손이 됐다. 대한민국 국민 모두에게 감동과 기쁨, 환희를 선사했다.

조나단 록스머스, 뮤지컬 배우의 길을 두드리다

조나단 록스머스Jonathan Roxmouth는 남아프리카 요하네스버그 출신의 뮤지컬 배우다. 15년간 뮤지컬 배우로 활동 하던 중 실력을 인정받아 2011년 〈오페라의 유령〉에서 최연소 유령으로 발탁됐다. 〈오페라의 유령〉은 가면으로 얼굴을 가리고 오페라하우스 지하에 숨어 사는 천재음악가 유령과 그가 사랑하는 프리마돈나 크리스틴(클레어 라이언) 그리고 그녀의 연인 라울(맷 레이시)의 가슴 아픈 사랑 이야기다. 조나단은 어떻게 최연소로 '유령역'을 맡게 됐을까?

어린 시절 이 작품을 보고 이 작품의 주인공의 꿈을 두드렸기 때문이다. 〈오페라의 유령〉을 보고 배우의 꿈을 키웠고 유령 역을 맡아 주인공이 되겠다는 실행의 두드림에 집중했다. 그 결과 실제 뮤지컬 배우가 됐고 유령 역의 주연이 됐다.

"이 작품은 내가 인간으로서
배우의 삶을 살아야겠다고 생각하게 만든 작품입니다.

어렸을 때 천진난만한 생각으로 작품을 보고 '나도 할 수 있는데', '나도 하고 싶다', '내가 해야만 한다'는 생각이 강렬히 들면서 역할에 대한 꿈을 꾸고 키워가기 시작했죠."

조나단에게 〈오페라의 유령〉은 두드림을 갖게 한 원동력이었다. 조나단은 "이 작품은 나에게 드림 롤Dream Role이다"라고 말하며 "이 역할을 하면서 매일매일 꿈이 이루어졌다Dreams come true고 생각한다"고 고백했다.

조나단은 25세 때 〈오페라의 유령〉의 주역을 맡는 행운을 갖게 됐다. 그리고 이 일은 조나단의 운명을 바꿔놓았다. 7년 넘게 유령 역을 하면서 자신감을 키웠다. 나의 길에 대한 강한 신념도 갖게 됐다.

이 결과 뮤지컬 캣츠, 그리스, 에비타, 요셉과 놀라운 색채옷, 시카고, 미녀와 야수, 스위니 토드, 선셋대로 등 다양한 작품에 주역으로 출현하며 나의 길을 확장할 수 있었다. 요하네스버그, 케이프타운, 일본과 마닐라에서 단독 콘서트 연회 매진을 기록하며 글로벌 무대를 누빌 수 있었다. 9개의 음악 앨범을 출시하며 솔로 아티스트로 활동할 수 있었다. 2개의 국제 브로드웨이 세계상을 포함하여 11개의 주요 극장상을 받았다.

진짜 '나'를 찾아내면 이처럼 나의 길을 확장시켜주고 더 근사한 길로 나아갈 수 있도록 해준다.

에릭 요한슨, 사진작가의 길을 두드리다

에릭 요한슨은 스웨덴에서 태어나 체코 프라하에서 활동 중인 사진작가다. 사진 촬영과 함께 어도비 포토샵을 이용한 디지털 후반 보정 작업을 통해 초현실주의적 느낌의 사진 작품을 내놓고 있다. 2019년 한국에서 에릭 요한슨 사진전 〈Impossible is Possible〉을 열었다.

그는 이 세상에 불가능한 것은 없다고 믿는다. 상상하는 만큼 더 많은 것들이 이뤄지고 생겨나고 있기 때문에 불가능은 결국 가능으로 바뀌게 돼 있다는 것이다. 요한슨의 두드림은 '상상을 찍는 사진작가'다. 그의 두드림은 셔터를 누르는 순간 끝이 아닌 새로운 시작, 무언가를 창조하는 작가가 되는 두드림이다. 촬영한 이미지로 무언가를 더 시도해서 다른 차원의 세계로 통하는 창문같은 무언가를 상상력을 동원해 만드는 일이다.

이런 생각으로 요한슨은 서비스 트럭이 와서 달의 모양을 매일 교체해 주는 것과 같이 어린아이와 같은 생각으로 마법의 장소를 만들기도 하고 인간들이 세상에 미치는 어리석고 환경적인 영향에 관한 이야기를 만들기도 한다.

"나의 영감은 주변의 사물
혹은 '만약'에서 나오죠."

상상력을 동원해 수많은 가정을 만들어내고 그 가정을 통해 상상력의 세계를 확장시킨다. 그는 사람은 모두 창의적으로 태어났다며 상상하는 것을 멈추지 말고 정해진 규칙에 의문을 가져보라고 말한다. 도전하는 것을 두려워하지 말라고 말한다. 조금 특별한 상상을 해보라고 말한다. 이 상상의 두드림, 생각의 두드림이 내가 꿈꾸는 세계로 성큼성큼 다가갈 수 있는 가능성을 높이기 때문이다.

당신의 상상력은 어느 길로 향하는가? 갈 길을 몰라 헤매고 있는가? 혹은 현실의 틀에 박혀 정해진 길로만 다니고 있는가? 당장에 생각나는 한계들을 뿌리치고 상상하라. 현실이 당신을 막아도,

한 번쯤은 유치하다고 생각하는, 말도 안 되는 상상을 해봐도 좋다. 상상력은 모든 길을 가능하게 활짝 열어준다.

앤디 박, 비주얼 예술가의 길을 두드리다

앤디 박Andy Park은 마블 스튜디오Marvel Studios의 비주얼 개발 총괄 책임자다. 〈어벤져스〉를 만들어 전 세계인에게 기쁨을 줬다. 한국계 아티스트인 앤디 박은 지난 10년 동안 마블 영화 속 영웅과 악당을 디자인해왔다.

2010년 마블 스튜디오의 비주얼 개발팀에 합류해 〈어벤져스〉, 〈앤트맨〉 시리즈, 〈캡틴 아메리카: 윈터 솔져〉 그리고 〈토르: 라그나로크〉까지 마블의 내로라하는 작품의 비주얼 컨셉을 담당하며 맹활약하고 있다.

마블의 히어로들은 그의 손끝을 통해 의상이 착용되고 무기가 주어진다. 그러니까 그는 히어로들에게 숨결을 불어넣는 창조자라고 할 수 있다.

어떻게 앤디 박은 '비주얼 창조 예술가의 길'을 걷게 됐을까? 전 세계 영화계에 막강한 영향력을 끼치고 있는 걸까?

그것은 앤디 박의 아버지 박수웅 장로의 특별한 교육에서 비롯됐다. 아버지는 아들이 하고 싶은 일을 하도록 아무런 간섭을 하지 않았다. 이 결과 앤디 박은 그의 길에 매진할 수 있었다. 아버지는 말한다.

"초등학교 2학년 때였지, 아마도.
학교에서 가족을 그려 오라는 숙제를 내준 모양이야.
엄마, 아빠, 고모, 삼촌…,
20여 명을 그렸는데
그림마다 특징들이 다 있어.
누군지 알겠더라니까.
내가 그랬지. 앤디야,
넌 앞으로 공부 신경 쓰지 말고
이 길로 가거라!"

아버지 박 목사는 이날 이후 아들에게 공부하란 소리를 전혀 하지 않았다. 과외도 시키지 않았다. 앤디의 재능이 그림 그리는 데 있다는 사실을 알았기 때문이다. 앤디가 말도 하기 전에 펜을

잡고 그림을 그렸고, 그 그림이 비싸게 팔릴 수 있을 것이라며 사인을 해달라고 하는 것을 보고 아버지는 아이의 재능에 확신을 가졌다. 그리고 그 재능의 길로 갈 수 있도록 아이를 놓아주었다.

어린 시절 《마블 코믹스》 만화책 속 히어로들에게 빠져 살던 소년은 지금, 2D 그림에 갇혀 있던 마블의 히어로들에게 숨결을 불어넣는 마블사의 비주얼 개발 총괄 책임자가 되었다. 영화 속 캐릭터를 만들어내는 창조자가 됐다. 빌런(악당) 같은 캐릭터에 생명력을 불어넣는다. 생김새를 디자인하고 의상을 제작해서 입힌다.

앤디 박은 〈어벤져스〉 일을 시작할 때, 첫 2주 동안 사무실에 앉아 그림을 그리면서 중얼거렸다.

"대박! 내가 어벤져스를 그리고 있다니.

이게 정말 현실인가!

믿을 수가 없었죠. 기분이 좋았습니다.

캐릭터에 숨결을 불어 넣는 일은

지금도 여전히 엄청난 만족감을 주는 작업입니다."

나의 길을 걷는 사람은 누구나 만족과 행복으로 가득 차게 된다. 앤디 박은 "캐릭터를 창조하는 것, 그리고 기존의 캐릭터를 재창조하는 것이 쉬운 일이 아니다"며 "작업을 할 때 때때로 무에서 만물을 창조하신 하나님의 창조가 경이롭게 느껴진다"고 말한다.

앤디 박은 '컨셉의 창조자'다. 관객을 상상 이상의 궤도로 끌어들이고, 신선한 충격의 돌풍을 불러일으킬 상상력을 주인공들에게 부여한다. 앤디 박은 상상의 이미지를 스크린으로 끌어올리는 역할을 한다. 이처럼 그의 성공은 '나의 길'이 상상력과 창의력을 배가해 얻은 결과였다.

제임스 카칼리오스, 물리학자의 길을 두드리다

제임스 카칼리오스James Kakalios는 미네소타 대학교 물리천문학과 테일러 석좌교수다. 《슈퍼영웅들을 통해 배우는 물리학 강의The Physics of Superheroes》, 《양자역학의 놀라운 이야기The Amazing Story of Quantum Mechanics》, 《소소한 일상의 물리학The Physics of Everyday Things》등을 집필해 물리학의 대중화에 앞장서고 있다.

그가 말하는 물리학은 우리 곁에 얼마나 가까이 있을까? 그는 우리의 일상이 물리학의 압축판이라고 말한다. 우리는 시계를 보며 침대에서 일어나고 출근한다. 아프면 병원에 가고 비행기를 타고 출장을 간다.

제임스는 여기에서 벽시계와 커피메이커 타이머의 기본 원리는 진자의 물리적 운동과 비슷하다고 설명한다. 벽시계와 커피메이커 타이머에는 모두 물리학에서 가장 중요한 개념 중 하나인 '에너지 보존의 법칙'이 적용되기 때문에 물리학이 우리 가까이 있다는 해설이다. 괘종시계의 진자에서 감소한 에너지는 대기 중에 증가한 운동에너지의 양과 정확하게 일치한다. 이와 마찬가지로 커피메이커 타이머 역시 마치 진자운동 같은 전류 진동의 원리를 통해 만들어진다.

제임스는 원래 만화광이었다. 그는 과학, 그중에서 물리학은 특히 지루하고 흥미가 없었다. '왜 이런 걸 배워야 하지' 불만이 많은 과목이었다. 그런데 《슈퍼맨》을 읽으면서 《슈퍼맨》 속에 과학이 숨어 있다는 사실을 알고 흥미를 느끼기 시작했다. 《슈퍼맨》, 《스파이더맨》, 《아이언맨》 등 만화 속 주인공 캐릭터에는 한결같이 과학이 숨어 있었다. 만화를 읽으면서 제임스는 다시 자신이 갈 길이 물리학자의 길이라는 사실을 깨닫게 됐다.

제임스는 물리학자가 되어 《만화책 속의 물리학에 대한 모든 것》이라는 책까지 저술했다. 예를 들어 슈퍼맨의 높이뛰기 실력을 살펴보면 뉴턴의 세 가지 법칙을 배울 수 있다는 것이다. 힘, 운동과 관련된 관성의 법칙, 가속도의 법칙, 작용 반작용의 법칙을 알 수 있다. 작용과 반작용의 법칙을 적용하면 슈퍼맨의 점프실력을 알 수 있다. 제임스가 찾아낸 과학의 오묘한 법칙이다.

이효종, 국민 과학 쌤의 길을 두드리다

과학 유튜브 채널 〈과학쿠키〉를 운영하는 이효종은 전직 과학교사 출신이다. 과학쿠키는 일반인에게 어려운 과학 지식을 재밌고 쉽게 전달하기 위해 시작했는데, 23만 명이 구독하는 인기 유튜브가 됐다. 어떻게 이렇게 인기 유튜버가 됐을까?

'국민 과학 쌤의 길'을 두드렸기 때문이다. 이효종은 어릴 때부터 과학에 남다른 관심이 많았다. 부모님 영향이 컸다. 이효종이 갯벌에 가거나 개구리를 잡아 알을 부화시키며 자연에 친숙해지도록 원하는 것은 무엇이든지 해줬다.

자연스럽게 '과학인의 길'을 걸었다. 사범대 물리교육과를 졸업하고 2015년 고등학교에서 물리를 가르치는 교사가 됐다. 공식 하나를 가르치기 위해 실험을 하고, 색연필로 그림을 그렸다. 그때마다 학생들의 눈은 반짝였다. '열정 물리쌤'이라는 별명까지 얻었다.

하지만 교사 활동만으로는 과학에 대한 주체할 수 없는 열정을 해소할 수 없었다. 국민 과학 쌤의 길을 두드렸다. 안정적인 직업인 교사를 2년 만에 그만두고 전업 유튜버가 되는 놀라운 선택을 했다. 쉬운 선택은 아니었다. 아들을 교사로 키우고자 했던 부모님의 소박한 꿈을 외면하는 일이 됐다. 교사 자격증을 따기도 힘든데, 임용까지 받아 안정적인 교사 직업을 내려놓는 것은 하나의 모험이었다.

"인문학처럼
수다 떠는 과학을
널리 알려
대중화하고 싶었습니다."

'과학쿠키'란 이름의 채널을 만들고 2017년 10월부터 매주 1개씩 과학사를 다룬 콘텐츠를 유튜브에 올렸다. 〈하늘은 왜 파란색일까〉를 첫 영상으로 유튜브를 시작했다. 물리 공식 대신 과학사를 말하기 시작했다. 하지만 구독자 수는 5개월간 100명도 채 되지 않았다.

그러던 중 〈대체 빛의 속도를 어떻게 알아냈을까?〉 영상이 51만 명이 조회하며 폭발적인 반응을 얻으며 구독자가 급증했다. 1년 만에 구독자가 19만 명으로 늘었다. 과학의 대중화를 위해 교사를 그만둔 꿈을 이룰 수 있다는 생각이 들었다.

정부 기관의 러브콜도 쇄도했다. 한국과학창의재단, 에너지정보문화재단, 국가핵융합연구소, 한국표준과학연구원, 기상청, 한국화학연구원 등 지금까지 20곳 넘는 기관과 협업해 과학 상식을 알렸다.

이효종은 과학 커뮤니케이터기도 하다. 유튜브에 올린 100여 개의 영상을 글로 풀어내 《과학을 쿠키처럼》 책도 냈다. 채널이 인기를 얻자 각종 강연과 협업 제안이 밀려들었다. 교사를 그만둔 선택을 잘한 것이라는 믿음을 갖게 해줬다. '나의 길'을 걷는 선택이 전혀 예상하지 못했던 놀라운 결과를 가져다준다는 사실을 알게 됐다.

강성태, 공부 멘토의 길을 두드리다

강성태는 '공부의 신'이라 불리는 대한민국 대표 공부 멘토다. 학창 시절 내성적이었던 그는 공부를 잘하면 따돌림에서 벗어날 수 있으리라는 희망으로 공부를 시작했다. 하루 18시간을 공부에 투자하며 공부한 결과, 전교 꼴찌에 가까웠던 성적을 수능 시험 400점 만점에 396점이라는 성적으로 바꿀 수 있었다. 이는 수능 전국 상위 0.01퍼센트에 해당한다. 이 점수로 성적 역전을 이뤘고 서울대학교에 합격하게 됐다.

이후 본인처럼 공부법에 어려움을 느끼는 학생들을 돕기 위해 '공신닷컴GONGSIN.COM'을 창업했다. 공부 멘토의 길을 찾아나선 것이다. 2006년에 세워진 공신닷컴은 '빈부와 지역에 상관없이 대한민국의 모든 학생들에게 공신 멘토 한 명씩을 만들어준다'는 정신을 실천하는 소셜 벤처로 출범했다. 누적 멘토는 4,000명에 육박한다. 회원과 구독자는 100만 명이 훨씬 넘으며 공부법을 올리는 유튜브 조회수는 무려 2억 1천만 뷰를 넘어섰다.

진성성 있는 멘토에 많은 사람들이 열광했다. 그는 오로지 학생들에게 공부 잘하는 법을 가르치기 위해 15년이 넘는 시간을 고스

란히 바쳤다. 그 진정성이 열매를 맺은 것으로 여러 권의 책을 들수 있다. 이 책을 위해 영어 학습법에 관한 거의 모든 연구 결과를 섭렵하였으며, 수많은 공신들의 영어 공부 비법까지 탈탈 털어 넣었다.

《강성태 66일 공부법》,《미쳐야 공부다》,《공부의 신》,《공부의 신, 바보 CEO 되다》,《공부의 신 천개의 시크릿》 등을 통해 공부법을 널리 전수했다. 학습자들의 영어 점수는 물론이고 인생까지도 바꾸겠다는 신념으로, 키출판사와 함께 강성태 영어 3종 세트 《강성태 영단어 어원편》,《강성태 영문법 필수편》,《강성태 영어독해 속독편》도 펴냈다.

방송과 강연 등을 그를 부르는 곳은 어디든지 달려갔다. 그 결과 대한민국 학부모들이 가장 신뢰하는 최고의 공부 멘토, 공부의 신으로 자리매김할 수 있었다. 대학생 교육봉사 동아리로 시작한 '공신'은 대한민국 최고의 교육 브랜드로 성장했다.

"저는 학창 시절
학교 폭력 피해자였습니다.
초등학교 시절

경북 점촌에서 서울로 전학을 왔는데

공부·운동·체격 등

무엇 하나 내세울 게 없었죠.

중학교 때 소위 일진이라는 아이들이

제 얼굴에 침을 뱉어도

한마디 못 하는 존재였습니다."

강성태는 이 같은 악의 굴레를 벗어나기 위해 공부에서 탈출구를 찾았다. 아무도 자신을 무시하지 않도록 하기 위해 공부를 잘해야 된다는 생각 하나뿐이었다. 죽어라 공부해 좋은 성적이 나오자 아무도 그의 얼굴에 침을 뱉지 않았다. 그의 공부 동기는 이처럼 단순했지만 나의 길을 찾자 그의 운명은 고속도로로 바뀌었다.

공부에서 '길'을 찾은 강성태는 공부 습관을 만들기 위해 크게 다섯 가지 법칙을 제시한다.

첫째, 반복되는 일상에 연결되는 습관을 만들어라.

둘째, 습관은 작게 시작해 크게 만들어라.

셋째, 중요한 일은 아침에 하라.

넷째, 이상적인 하루를 상상하라.

다섯째, 66일을 지속해 진정한 자기 습관으로 만들어라.

강성태는 가장 중요한 습관 중 하나는 아침에 눈 뜨자마자 할 일을 하나씩 만들라는 것이다. 가령 팔굽혀펴기를 열 번씩 하는 것도 좋은 습관이다. 이런 것이 바로 핵심 습관이 된다. 나의 길을 찾아 핵심 습관을 만들고 이것을 토대로 더 큰 성장을 모색해야 한다.

곽정은, 카운셀러의 길을 두드리다

곽정은은 프라이빗 살롱 '헤르츠'의 대표다. 아홉 권의 책을 낸 작가이자 방송인, 강연자로 활동하고 있다. 대학 졸업 후 13년 동안 〈코스모폴리탄〉, 〈싱글즈〉 등 라이프스타일 매거진의 기자로 활동하며 카운셀러의 길을 두드렸다.

전문성을 키우기 위해 대학원에서 성인상담을 공부하면서 《혼자의 발견》, 《편견도 두려움도 없이》 등 관계와 마음을 다룬 책들을 출간해 카운셀러의 길을 단단하게 구축했다.

"인생에서 중요한 것은
속도가 아닌 방향이죠."

　곽정은이 20대와 30대를 지나오며 삶에서 깨달은 점이 있다면
그것은 '내가 가는 길이 옳은 방향이냐'를 아는 게 중요하다는 사
실이다. 그녀의 경우 20~30대에는 남들처럼 성공을 이루고 멋지
게 사는 게 목표였다. 20대에는 시간을 너무 날려 보냈고 30대에
는 누군가와의 사랑을 갈구하며 세속적인 성공에 몰두했다. 그 결
과 일에서는 충분히 성취할 수 있었다.

　그러나 '이 이상 더 뭐가 있을까' 하는 허무함이 들었다. 곽정
은 자신이 추구하는 가치의 확장성을 찾게 됐고 그 길을 카운슬러
에서 찾았다. 가장 중요한 것은 내가 추구하는 어떤 가치의 확장성
이라고 생각한다. 카운셀러는 가치적 확장성이 크다고 생각했다.
이 길을 선택하자 삶에 용기가 다시 생겼다.

　곽정은은 맹목적으로 열심히 살아보니 삶의 귀함을 몰랐다는
사실을 깨달았다. 겉으로는 모든 것을 극복한 것처럼 보여도 내면
의 어떤 부분은 여전히 나를 힘들게 한다. 하지만 나의 길을 찾으
면 행복해진다. '나의 길'은 '마음에 대한 깨달음'이다. 내 마음이

나에게 무엇을 시키려고 하는지 깊이 성찰해볼 수 있어야 한다.

장재열, 마음 건강의 길을 두드리다

장재열은 청년 마음건강 NGO인 '청춘상담소 좀놀아본언니들' 대표다. 입시 경쟁, 취업 전쟁에서 모두 1등으로 달려 대기업에 입사했다. 40여 개의 스펙을 가지고 회사에 입사해 인사 담당자가 됐다.

하지만 찾아온 것은 2012년 중증 우울증과 공황장애 판정이었다. 10개월 만에 우울증으로 퇴사했다. 세상이 말하는 대로, 세상이 시키는 대로 살았는데, 자신에게 찾아온 현실을 이해할 수 없었다. 그는 '뒤처지지 않기 위해 최선을 다해 살았는데, 왜 내 마음은 병들었을까?'에 대한 답을 찾는 일에 매달렸고, 자문자답 글쓰기 치료를 시작했다.

블로그에 글을 올렸고 8만여 명의 청년들이 큰 공감을 나타냈다. 장재열은 여기에서 나의 길을 찾았다. 네이버 포스트를 통해 자문자답 글쓰기 치료를 시작하며 쓴 글이 320만 조회 수를 기록하며 또래 청년들과 함께 더 나은 삶을 고민했다.

"함께 고민을 나누는
무대를 만들어보자."

장재열은 NGO '청춘상담소 좀놀아본언니들'을 설립했다. '누구나 고민을 말할 수 있는 세상'이라는 슬로건도 제시했다. 의사나 상담사 없이, 보통 청년들 중심으로 집단 상담을 진행했다. 멀쩡해 보여 놓치는 초기 우울증단계 청년들이 복지 사각지대에 놓여있음을 발견하고, 이들을 위한 상담 활동에 집중했다.

장재열의 우울증은 '나의 길'을 바꾸는 계기를 만들었고 그는 완전히 인생의 진로를 바꿨다. 엄청난 변화였다. 대학 시절, 닥치고 취업을 외쳐 왔던 장재열이 꿈꿨던 삶과는 전혀 다른 삶이다. 하지만, 나의 길을 걸은 이후 그는 가장 행복하다.

"한국 사회는 고등학생 때까지는
규칙을 위반하지 않아야 하고
룰을 깨면 안 된다고 가르쳐요.
그런데 대학에 입학하면, 도전해야 하고
창의적이어야 한다고 말하죠."

장재열은 청년들에게 쉬어갈 것을 권고한다. 나의 길을 찾아갈 것을 권한다. 주변의 눈치를 보지 말고 나를 위한 길이 무엇인지, 어떤 길이 나의 길인지 고심하라고 말한다.

한재권, 로봇 제작자의 길을 두드리다

한재권 한양대 교수는 로봇박사다. 그는 어릴 적 뇌성마비 장애를 가진 동생을 보며 로봇 박사의 꿈을 두드렸다. 뇌성마비를 앓고 있는 남동생 때문에 그의 가족들은 온종일 동생에게 매달려 있었다. 가족여행 같은 건 상상도 할 수 없었고 집 밖으로 나가는 것조차 힘들었기 때문에 로봇을 만들어 동생을 평생 돌볼 수 있도록 하겠다는 꿈을 꾼 것이다.

로봇이 사람을 들고 날아가는 만화 영화의 한 장면을 보고 '저런 로봇이 우리 집에 있으면 좋겠다'는 생각을 하게 됐다. 처음엔 로봇을 사기 위해 돈을 모아야겠다고 마음먹었는데 정작 돈을 모아도 로봇을 살 수가 없다는 사실을 알게 됐다.

그래서 결심했다.

"로봇을 직접 만들어야지."

한재권은 이 꿈을 현실로 옮기기로 했다. 공장을 하던 아버지 덕분에 선반이나 밀링 같은 기술은 잘 알고 있었다. 그는 중학교 3학년 때 서울 영등포 시장의 선반 기계 업체와 철공소를 돌며 첫 작품을 만들었다. 그러나 로봇과는 거리가 매우 멀었다.

로봇을 만드는 전공을 찾아 기계공학을 전공하고 자동제어학으로 석사까지 받았다. 그런데도 전문적으로 로봇을 만들 수 없었다. 대기업 연구소에 들어가 로봇 제작을 꿈꿨다. 그렇지만 로봇을 만드는 방법을 가르쳐주는 곳은 없었다.

그가 배운 것은 전차에 쓰이는 자동제어 타겟장치를 만드는 일이었다. 4년여의 시간을 연구소에서 보내며 그가 깨달은 것은 '이건 아니다'라는 결론이었다.

한재권은 '나의 길'을 찾아 사표를 던졌다. '친구 같은 로봇', '사람 살리는 로봇'을 만들기 위해 유학을 결심했다. 유학 경비를 마련하기 위해 '로보티즈'라는 회사에서 일을 하기 시작했다. 직원 열 명 정도의 로봇을 만드는 작은 벤처 회사였는데 이곳에서 '바이올로이드'라는 미니 사이즈의 교육용 휴머노이드 로봇을 만들었다. 매일 밤을 새면서 일하는데도 너무나 즐겁고 재밌었다. 원래 6개월만 하려 했는데 1년이라는 시간을 더 보냈다. '나의 길'은 그를 놀라울 정도로 흥분시켰다.

운명처럼 세계적인 로봇 대가 데니스 홍을 만났다. 로봇으로 세상을 이롭게 하겠다는 이상으로 꿈을 실천하는 그의 에너제틱함에 푹 빠져 버지니아 공대로 유학을 떠났다. 로봇 연구에 몰두했다.

그러다 데니스 홍 교수가 로보컵에서 우승하며 유명해졌고 세계적인 젊은 과학자로 크게 주목을 받게 됐다. 한재권도 2011년 로보컵2011에서 우승한 찰리-2 로봇의 설계와 제작에 참여해 실력을 인정받았다. 나의 길을 걸으며 로봇박사를 꿈꿨던 한재권은 새로운 세상을 사는 것 같았다.

"가슴이 시키는 대로 했더니
나만의 답과 길을
찾을 수 있었습니다."

한재권의 오늘날은 로봇박사의 길을 두드린 결과다. 유학 후 귀국한 한재권은 로보티즈에서 수석 연구원으로 로봇 개발을 이어 갔다. 그리고 2015년 9월 한양대 교수로 자리를 옮겼다. 청년 로 봇 공학자를 양성하겠다는 '나의 꿈'을 다시 찾았기 때문이다.

노상호, 작가의 길을 두드리다

노상호는 현실에서 떨어져 나온 허구의 이야기를 만드는 작가 다. 그는 이것을 '데일리 픽션Daily Fiction'이라고 한다. 말 그대로 '날마다 만들어내는 일상의 허구'라는 뜻이다.

그는 어릴 때부터 작가의 길을 두드렸다. 꿈을 찾아 대학에서 판화를 전공했다. 책의 삽화를 그리듯 드로잉을 통해 이야기를 만 들어내는 스토리텔링에 남다른 능력을 발휘하고 있다.

노상호는 소설가이자 화가였던 헨리 다거의 영향을 받았다. 제 대로 된 스토리텔러가 되기 위해 노상호는 인터넷이나 잡지, 신문 등에 등장하는 수많은 양의 이미지를 수집하고 일상의 순간들을 사진으로 찍어 기록한다. 수집한 이미지 밑에 먹지를 대고 그 형 태를 베끼고 여기에 창조성을 불어넣어 자신만의 스토리를 만들 어낸다.

예를 들어, 〈머리카락이 붙은 왕자들The Hair Stuck Princes〉은 코끼리 가죽을 바닥에 펴서 마름질하는 노동자들의 평범한 사진 한 장에서 시작됐다. 노상호는 출처도 분명치 않은 인터넷에서 다운로드 받아 출력한 사진에 먹지를 대서 그림을 그린 후, 거기에 매일매일 즉흥적인 먹지 드로잉을 계속 보태면서 이야기를 만들어냈다.

　이를 통해 교훈적인 동화 같기도 하고, 어느 지역에서 구전되는 전설 같기도 한 〈머리카락이 붙은 왕자들〉을 탄생시켰다. 얼핏 보기에 현실을 벗어난 것처럼 보이지만, 또 다른 현실의 모습을 완벽하게 담아내고 있다.

　노상호는 자신이 꾸며낸 이야기를 '메르헨märchen'이라고 부른다. 독일어로 메르헨은, 중세 이후 주로 민간에 전승되어 온 비현실적인 상상의 이야기를 말한다. 그는 스스로 사이비 이야기꾼Pseudo-Storyteller을 자처해서 이미지를 수집하고, 드로잉을 해 그럴듯한 허구의 이야기까지 만들어 직접 만든 마차를 끌고 나가 다시 일상에 풀어놓는다. 스스로 스토리 텔러의 길을 설정하고 '메르헨 작가의 길'을 열고 있다. 노상호는 자신이 하는 작업을 궁극적으로 '메르헨 만들기'라고 설명한다.

그가 왜 이런 선택을 했을까?

작가로서 나의 길을 개척하기 위해서다. 미대에 진학했을 때 그는 자신보다 재능 있고 감각적인 친구들이 매우 많다는 사실을 알게 됐다. 이러한 친구들과 같은 집단 안에 있으면서 자신이 돋보일 수 있는 길은 꾸준히 성실하게 그리는 것, 그리고 자신만의 '작가의 세계'를 만들어가는 것이라고 생각했다. 그래서 찾아낸 게 '메르헨 작가의 길'이다. 이 결과 빠른 시간에 주목받는 작가의 길을 걷고 있다.

나의 길을 만드는 두드림 따라 하기

✓ 나의 길을 찾아 두드려라.

✓ 이 길이 아니라는 생각이 들면 바로 멈춰라.

✓ 나의 길이 쉽지 않아도 포기하지 말라.

✓ 나의 길이 '행복의 길'이라고 믿어라.

✓ 나의 길이 꽃길이라고 믿어라.

✓ 나의 길 위에서 승부를 걸라.

✓ 남의 길을 탐내지 말라.

✓ 남의 길에서 헤매지 말라.

✓ 남의 길에서 최고가 될 수 없다.

✓ 나의 길을 걸을 때 최고 역량이 나온다.

✓ 나의 길을 걸을 때 가장 행복하다.

✓ 남이 권하는 길을 가지 말라.

✓ 부모가 바라는 길을 가지 말라.

✓ 내가 가고 싶은 길을 가라.

✓ 내 삶의 주인공은 '나'라고 외쳐라.

✓ 내가 가고 싶은 길에서 승부를 걸어라.

두드림 실천법

당장 세 가지 두드림을 시작하라

이제 나의 두드림을 '내 것'으로 만들어야 한다. '나의 길'에서 승부를 봐야 한다. 성공한 사람들의 비결을 알고만 있어서는 안 된다. 적극적으로 내가 '성공의 주인공'이 되어야 한다. 나만 성공의 비밀을 알고 있어서는 안 된다. 두드림이 알려주는 '갈망–생각–실행'의 세 가지 '두드림의 성공 법칙'을 주변에 알려야 한다. 친구에게 알리고 형제자매에게 알리고 동료에게 알려 누구나 '성공하는' 국민 성공시대를 만들어야 한다.

그렇다면 성공하기 위해 어떤 일부터 시작하면 좋을까?

성공을 꿈꾼다면 당장 세 가지 두드림을 시작하라.

두드림은 원하는 것을 갖도록 해줄 것이다. 꿈꾸는 것을 성취하도록 해줄 것이다. 어떤 것이든지 두드림을 시작하라. '갈망-생각-실행'의 세 가지 두드림을 시작하면 우리를 두드림의 최종 목적지인 성공의 길로 안내해줄 것이다.

두드림의 원천은 '갈망'에서 시작된다.

막연하지만, 인생에서 가슴 뛰게 하는 일은 없었는가?
꼭 해보고 싶은 일은 없었는가?
적성과 소질에 맞지 않지만, 그래도 왠지 당기는 일은 없었는가?
텔레비전과 영화를 보면서 따라 하고 싶은 일은 없었는가?
막연히 박사가 되고 싶고 1등을 하고 싶은 일은 없는가?
높은 빌딩을 보고 내 것이었으면 하고 생각해본 적은 없는가?
100억짜리 복권에 당첨됐으면 좋겠다고 생각해본 적은 없는가?
경품 추첨 때 해외여행 상품에 당첨되길 기도한 적은 없는가?
암에 걸린 사람의 기적 같은 치료를 빌어본 적은 있는가?

크루즈를 타고 세계여행을 꿈꿔본 적은 있는가?

1등을 꿈꾸고 합격을 기원하고, 승진을 기다리지는 않는가?

당장 직장을 때려치우고 싶지는 않은가?

당장 창업해 부자가 되고 싶은 적은 없었는가?

갈망을 내 것으로 만들려면 대상을 압축해야 한다.

사람들은 누구나 갖지 못한 것, 이루지 못한 것을 갖고 싶어 한다. 그런데 모두 원하는 것을 갖게 되는 것은 아니다. 갈망이 큰 사람이 더 많은 것을 얻게 된다. 갈망이 없으면 아무 것도 얻게 되는 것이 없다.

너무 많은 것들을 갈망해서도 안 된다. 꼭 성취하고 싶은 몇 가지를 선택해서 집중적으로 갈망해야 한다. 그래야 그 갈망을 내 것으로 만들 수 있다. 갈망하는 대상을 정했다면 갈망에 다가가는 방법을 고민해야 한다. 갈망을 내 것으로 만들 수 있는 수많은 방법을 생각해내야 한다.

갈망의 대상이 압축되면 생각의 두드림을 작동시켜야 한다.

생각은 좀 더 구체적이고 성취 가능한 것이어야 한다. 너무 황당한, 생각의 늪에 빠져서는 안 된다. 지나치게 무모하고, 지나치게 상상력을 갖는 것도 좋다. 하지만 갈망에 다가가는 한 걸음, 한 걸음이 원대한 꿈에 점차 다가가는 것들이어야 한다.

생각이 정리되면 이번에는 행동에 옮겨야 한다.

실행의 두드림이 가장 중요하다. "천리 길도 한 걸음부터"라는 말처럼 높은 곳에 올라가려면 낮은 곳부터 시작해야 한다. 내가 이뤄낼 수 있는 것부터 차근차근 성취해가야 한다. 100층 빌딩에 오르는 것도 맨 바닥부터, 1층부터 시작된다. 그래야 그 꿈이 내 것이 된다. 나의 길이 멋진 꽃길이 된다.

한꺼번에 어떤 것도 성취할 수 없다. 한 걸음, 한 걸음 소처럼 뚜벅뚜벅 걸어갈 때 어느 순간 목적지에 다가가게 된다. 이 과정에서 최선을 다한 사람에게는 운과 복이 따른다. '운칠복삼運七福三'은 아무에게나 오지 않는다. 무엇인가를 두드리는 사람에게 온다. 두드리면 저절로 뭔가가 이뤄지는 신기한 일들이 생기게 된다. 누구나 그런 경험을 했을 것이다.

두드림 실천법

3가지
두드림을
시작하라

- 갈망의 두드림을 시작하라.
- 생각의 두드림을 작동시켜라.
- 실행의 두드림에 올인하라.

갈망의 두드림	생각의 두드림	실행의 두드림
가수 되기	노래 실력 키우기	하루 10시간 연습하기
	오디션에서 1등하기	오디션에 도전하기
	가수된 뒤 모습 상상하기	롤모델 상담 받기
	…	…

두드림의
경험을 널리
전파하라

- 나의 경험담을 널리 알려라.
- 나의 경험담을 명언으로 정리하라.
- 경험을 큰 두드림으로 발전시켜라.

날마다 두드림하라

성공한 사람은 누구든지 두드림DoDream을 실천한 사람들이다. '두드림'은 말 그대로 '꿈꾸고Dream 도전하라Do'는 뜻이다. 또 다른 의미로 '꿈꾸고Dream 두드려라Do'는 의미다.

두드림은 '꿈을 두드리고 또 두드리라'는 강한 메시지를 담고 있다.

꿈만 꾸고 두드리지 않는 사람은 그 꿈을 성취할 수 없다.

따라서 꿈을 꾸는 사람은 반드시 도전이라는 실행이 뒷받침돼야 한다. 닫힌 문을 열려면 두드려야 한다. 북소리를 내려면 북을 두드려야 한다. 꿈을 이루려면 꿈도 두드려야 한다.

어떤 꿈이든지 쉽게 열리는 꿈은 꿈이 아니다. 한 번 두드려서 쉽게 열리는 꿈은 아무나 할 수 있는 꿈이다. 큰 꿈을 꾸고 그걸 두드려야 한다. 두드리고 또 두드리고 나를 좌절시키더라도 두드려서 열리게 하는 도전 정신이 바로 '두드림'의 정신이다.

캔두 정신, 도전 정신을 가져야 한다.

큰 두드림(꿈꾸고 도전하라)에 나선 사람들은 꿈을 대하는 자세에서 한 가지가 특별했다. 그 특별함은 나는 할 수 있다는 캔두 정신이다. 원대한 꿈을 이루고자 하는 사람은 꿈을 꾸고 그 꿈을 이룰 수 있는 자신감, 캔두 정신이 강렬했다. 도전 정신도 남달랐다.

남다른 개척정신으로 강한 실행력을 가졌다. 불가능을 가능으로 바꿨고 상상을 현실로 만들었다.

성공하려면 날마다 두드림해야 한다.

꿈을 가슴속에 담고 그 꿈을 잊지 않도록 날마다 두드림을 실천해야 한다. 바로 꿈을 펼치는 것은 '꿈꾸고 도전하는 것Dream it, Do it', 다시 말해 두드림DoDream을 하는 것이다. 두드림을 멈추면 꿈은 멀리 달아나 버린다.

날마다 두드림하라	• 꿈꾸고 도전하라. • 꿈꾸고 그 꿈을 두드려라. • '두드림'을 하루도 잊지 마라.
캔두 정신을 가져라	• "나는 성공할 수 있다"고 외쳐라. • '나는 할 수 있다'고 최면을 걸어라. • 도전하면 이뤄진다고 확신하라.

소망 목록을 만들어라

새해, 생일, 기념일, 실패, 특별한 일 등을 계기로 하고 싶은 일, 도전하고 싶은 일을 중심으로 '소망 목록Wish List'을 만들어보자.

"살을 빼자."

"담배를 끊자."

"부모님과 효도여행을 떠나보자."

"인기가요 10곡을 배워보자."

"버킷 리스트를 만들자."

"새로운 취미를 만들자."

"운동을 시작하자."

작은 소망에서 큰 소망에 이르기까지 소망 목록Wish List은 사람에게 어떤 일을 하고 싶은 에너지를 준다. 소망 목록을 만들어보면 세상엔 정말 할 일이 많다. 갖고 싶은 게 많다. 해보고 싶은 일들도 많다.

소망 리스트 가운데 버킷 리스트가 있다.

버킷 리스트Bucket List는 살아 있을 때 꼭 해보고 싶은 일을 적은 목록을 가리킨다. '죽다'라는 뜻으로 쓰이는 속어인 '킥 더 버킷 Kick the Bucket'으로부터 만들어진 말이다. 올가미를 목에 두른 뒤 뒤집어 놓은 양동이Bucket에 올라간 다음 양동이를 걷어차 처형했다는 데서 유래했다.

사람이 죽기 전에 꼭 해보고 싶은 일은 하고 죽어야 한다. 최소한 도전이라도 해봐야 한다. 나이가 많지 않은 사람은 정말 많은 일에 도전할 수 있다. 나이가 들수록 사람들은 자신감을 잃게 되고 그냥 포기하는 일이 많아지게 된다. 그것은 자신의 삶을 재미없게 만든다.

버킷 리스트가 인생을 풍요롭게 만든다.

희망이 있고 설레는 삶을 만들려면 기다려지는 것, 가슴 뛰는 것, 해보고 싶은 것을 찾아내야 한다. 그것이 삶의 보람과 의미를 찾아다 준다. 버킷 리스트를 만들어서 죽기 전에 아쉬움이 없도록 인생을 풍요롭게 만들어야 한다. 좀 더 젊었을 때, 한 살이라도 더 젊을 때, 도전해야 아쉬움이 줄어든다.

사람은 하고 싶은 수많은 일 가운데 꼭 하고 싶은 일 몇 가지를 정리할 필요가 있다. 아름다운 사람과 데이트하기, 혼자 여행하기 등 그냥 생각만 해도 설레는 일이 있다.

"엄마, 아빠 사랑해요", "누나, 오빠 고마워" 등 평소 하고 싶은 말을 못해 후회하는 경우도 많다. 버킷 리스트를 만들어보면 많은 사람들이 후회를 하게 된다. 할 수 있는 일을 못했다는 후회가 대부분이다.

버킷 리스트는 우리에게 무엇을 가르쳐줄까. 우리가 인생에서 가장 많이 후회하는 것은 한 일들이 아니라, 하지 않은 일들이라는 아주 단순한 진리다.

부모님이 돌아가신 뒤에 '살아계실 때 자주 찾아뵐 걸', '따뜻한

말이라도 할 걸' 후회하는 일이 없어야 한다. '건강할 때 좀 할 걸',
아프고 나서 '건강관리 좀 할 걸' 이렇게 후회해서도 안 된다.

두드림 실천법 ❸

소원 목록을 만들어라	• 오늘 하고 싶은 일을 적어라. • 이번 주 하고 싶은 일을 적어라. • 이번 달 하고 싶은 일을 적어라. • 6개월 안에 하고 싶은 일을 적어라. • 1년 안에 하고 싶은 일을 적어라.
버킷 리스트를 만들어라	• 죽기 전에 하고 싶은 일을 적어라.

실행 목록을 만들어라

　두드림의 대상이 정해지면 실행 목록, 즉 '두 리스트Do List'를 만들어야 한다. 두 리스트를 만드는 일은 목표에 다가가기 위해 내가 할 수 있는 일의 우선순위를 정하는 일이다. 나중에 "내가 만일 ~했더라면 지금 어떻게 됐을 텐데"라고 말하는 일이 있어서는 안 된다. '~했다면'이라고 나중에 후회할 만한 일들을 이제 '지금 당장 하자'는 내용으로 담아 두 리스트를 만들어야 한다.

　지금 당장 영화를 보자.
　이번 달에는 가족과 놀이동산에 가자.
　올해에는 한 번이라도 해외여행을 가보자.

올해는 영어 공부를 좀 해보자.

부모님과 여행을 가보자.

기타를 배워보자.

다이어트를 해보자.

당장 담배를 끊자.

책을 꼭 읽자.

생각해보면 해야 할 실행 목록이 무한대로 만들어질 수 있다. 실행 목록을 만들 때 중요한 것은 내가 처한 환경에서 성공을 위해 실행해야 할 가장 작은 일부터 시작하는 것이다. 너무 큰일부터 시작하면 쉽게 지치게 된다.

아주 사소해 보이지만, 실행할 경우 커다란 성과를 안겨줄 수 있는 작은 아이템을 찾아 차근차근 큰 꿈에 다가가야 한다. 예를 들어, 주변에 다가가고 싶은 사람이 있으면, 인사부터 잘해야 한다.

A+학점을 받으려면 어떻게 해야 할까? 방금 싸운 친구와 화해하려면 어떻게 해야 할까? 가장 쉽게 할 수 있는 간단한 실행 목록부터 만들어 실천해야 한다. 진급하려면 어떻게 해야 할까? 마음

에 든 남자, 또는 여자에게 다가가려면 어떻게 해야 할까? 해외 연수 기회를 잡으려면 어떻게 해야 할까? 실행 목록부터 만들어라.

두드림 실천법 ❹

실행 목록을 만들어라
- 오늘 해야 할 일을 적어라.
- 이번 주 해야 할 일을 적어라.
- 이번 달 해야 할 일을 적어라.
- 3~6개월 안에 해야 할 일을 적어라.
- 1년 안에 해야 할 일을 적어라.
- 3년 안에 해야 할 일을 적어라.
- 100세까지 나의 미래를 적어라.

실행하지 못한 계획의 목록을 만들어라
- 왜 못했는지 이유를 적어라.
- 언제 다시 할 계획인지 시점을 적어라.

금지 목록을 만들어라

    할 일 목록, 즉 '실행 리스트'를 만들 때는 반드시 '하지 말아야 할 일 목록Don't List'을 함께 만들어야 한다. 금지 목록을 만들 때는 주변 친구와 동료, 부모님, 멘토의 의견을 청취해야 한다. 내가 하지 말아야 할 '그것'이 무엇인지 주변에 물어라. 친구에게 내가 하지 말아야 할 금지 목록을 적어라. 부모에게 내가 해서는 안 될 말을 적어라. 선·후배와 동료, 상사, 협력 회사 직원에게 내가 해서는 안 될 행동을 적어라.

    금지목록은 내가 갖고 있는 좋지 않는 습관, 언행, 태도, 버릇 등이 대부분이다. 권위적인 태도, 거만함, 오만함, 무시, 갑질 등 나의 평판을 갉아먹는 것들이다. 동시에 개인의 경쟁력을 잃게 할 정도로 불필요한 일들이다.

세계적인 경영 구루 톰 피터스Tom Peters는 "우리의 일상적인 활동의 50~60%는 불필요한 일들로 가득 차 있다"고 말한다. 무슨 말일까? 소중한 시간의 50~60%가 잘못 이용되고 있다는 뜻이다. 너무 과다하게 평가된 것일 수도 있다. 왜냐하면 우리가 하는 일 가운데 불필요하다고 생각되는 것도 사실은 꼭 필요한 일일 때가 많기 때문이다.

우리는 하기 싫은 일도 해야 하고 참석하기 싫은 모임에도 가야 할 때가 있다. 이른바 '정무적 판단'을 통해 인간관계를 위해 자기 희생을 해야 할 때가 많다. 지금 당장 나에게 아무 도움이 되지 않지만, 장차 도움이 필요한 분의 모친상에 가야 할지 말아야 할지를 판단하는 것도 정무적인 결정이다.

금지 목록은 이런 정무적 판단을 말하는 게 아니라 정말 할 필요가 없는 일을 적은 목록을 말한다. 따라서 '할 일 목록'의 우선순위는 금지 목록을 토대로 해야 한다. 금지 목록을 만드는 이유는 '할 일'의 성과를 극대화하기 위한 것이다. 삶의 여유를 찾고 불필요한 일의 덫에 빠지지 않기 위해서다.

살을 빼야 하는가? 먹지 말아야 할 금지 목록을 만들어라. 너무 바쁘고 시간이 없는가? 자신의 하루 일정 가운데 하지 않아도 되는 금지 목록만 알고 있으면 금세 여유가 생기게 된다. 나의 고쳐야 할 태도와 버릇, 언행 등 금지 목록을 만들어 실천하면 금세 평판이 좋아진다.

두드림 실천법

금지 목록을 만들어라	• 개선해야 할 나의 '그것'을 적어라. • 하루 일과 중 안 해도 될 일을 적어라. • 식습관 중 고쳐야 할 것을 적어라. • 생활 습관 중 개선할 사항을 적어라. • 말과 행동 중 바꿔야 할 것을 적어라. • 평생 해서는 안 될 일을 적어라. • 나의 평판을 해치는 '그것'을 적어라.
실행하지 못한 금지 목록을 만들어라	• 왜 지키지 못했는지 이유를 적어라. • 언제부터 지킬 계획인지를 적어라.

감사 목록을 만들어라

"감사합니다"라는 말은 나 자신은 물론 다른 사람의 마음을 기쁘게 하는 소중한 말이다. 나를 도와준 사람의 고마움을 알아주는 것은 서로의 관계를 깊게 만들어준다.

교통사고가 났지만 내가 작은 부상을 당했다고 가정해보자. 나는 어떻게 나 자신에게 말할 것인가. "이정도 부상에 그치게 해줘서 감사합니다"라고 말한다면 나는 나 스스로를 위안하고 감사하게 된다.

성경에서도 감사함의 중요성을 설파하고 있다.

"항상 기뻐하라.

쉬지 말고 기도하라.

범사에 감사하라."

– 데살로니가전서 5장 16~18

성공하려면 "감사합니다"를 생활화해야 한다.

"영숙아, 철수야 고마워."

"아들, 고마워."

"여보, 고마워."

"선생님, 교수님, 고맙습니다."

"부모님, 감사합니다."

하루에도 수십 번씩 "감사합니다. 정말 감사합니다"라고 말하자. 나를 도와줬던 주변의 모든 사람에게 고마움을 전하자. 친구, 동료, 상사, 부하직원 등 누구에게든지 고마워하자. 고마움에는 크고 작음이 없다. 중요하고 중요하지 않은 것도 없다.

부모님에게 감사한 일 100가지를 써보자.

부모님을 바라보는 나의 생각이 바뀌게 된다. 마주하기 싫은 친구가 있다면 그 친구 덕분에 감사한 일 50가지를 써보자. 그 친구가 이상하게 고마운 사람으로 바뀌게 된다.

살고 싶지 않은 일이 있으면, 내가 지금 살아 있어 감사한 일 100가지를 적어보자. 지금 내가 가진 생각이 모두 잘못됐음을 스스로 깨닫게 될 것이다.

감사한 일은 기쁨이 된다.

현재를 탓하지 마라. 감사한 일들을 적어보면 현재가 기쁨으로 바뀌게 된다. 꿈을 꿀 수 있음에 감사하라. 살아 있음에 감사하라. '두드림'에 감사하라.

이 책《내 삶의 주인공은 나》를 만난 것에 감사하라. 이 감사함은 당신의 삶에 큰 기쁨을 줄 것이다.

"평생 두드림하라"

"날마다 꿈꾸고 도전하라"

"원하는 것을 두드리면 성공의 문이 열릴 것이다."

두드림 실천법 ❻

감사
목록을
만들어라

- 부모에게 감사할 일을 적어라.
- 가족에게 감사할 일을 적어라.
- 동료, 후배, 친구에게 감사할 일을 적어라.
- 선배, 스승에게 감사할 일을 적어라.
- 회사와 상사에게 감사할 일을 적어라.
- 배우자, 애인에게 감사할 일을 적어라.
- 나 자신에게 감사할 일을 적어라.

이 책 《내 삶의 주인공은 나》에 대해 감사한 마음을 적어라	감사 목록은 항목당 최소 50가지를 적어라	날마다 감사드릴 일을 만들어라	감사 내용을 공개하라

두드림 *DoDream*

용기 있는 도전으로 '나만의 길'을
만들어가는 연사들의 가슴 뛰는 멘토링

MBN Y 포럼 연사들의
감동적인 멘토링 특강,
책으로 만나세요!

자 기 계 발
필 독 서
두 드 림
시 리 즈

디 오렌지 The Orange란?

'MBN Y 포럼' 서포터스로 '성공을 꿈꾸는 희망 원정대'를 의미한
다. 창의와 열정을 상징하는 오렌지는 MBN의 대표 색깔로 '황금'
과 '부자', 즉 경제적 성공을 뜻한다.
MBN Y포럼 사무국과 포럼을 함께 기획하며 기자, 작가, PD, 앵커,
아나운서, 포럼팀 등 다양한 분과에서 MBN 임직원들의 멘토링을
받으며 대한민국 미래 리더가 될 꿈을 키운다.

디 오렌지(MBN Y포럼 서포터스) 자료 조사팀

고민주, 고병준, 권성은, 김지연, 김현정, 노채영, 민현석, 성수민,
성찬우, 심현우, 오윤정, 이윤선, 이하운, 제나은, 최소라

'MBN Y 포럼'이란?

1등 종합편성채널 MBN이 대한민국의 미래를 책임질 20~30대
에게 꿈과 비전, 도전 정신을 심어주기 위해 기획한 글로벌 청년
포럼으로 '두드림DoDream포럼'이 별칭이다. Y는 대한민국의 미래
를 이끌 젊은 세대Young Generation, 즉 Y세대를 상징한다.

'MBN Y 포럼 2020'을 만든 사람들

MBN 보도국 산업부·미디어기획부

최은수 국차장, 이상범·차민아 차장, 김수형·이상주·길기
범·이혁근·서영수·민경영·신용식 기자, 정경운·신지선
연구원, 하지연 인턴

MBN Y 포럼 사무국

신명호 차장, 박지은 과장, 명연진·이상지 주임, 김민섭·
김은지·박혜란·유혜림·이시온·정채현 사원